중급 프랑스어
독해 청취 작문 연습

중급 프랑스어
독해 청취 작문 연습

이희영 지음

이담
Books

머리말

본 교재는 프랑스어의 읽기, 듣기 그리고 쓰기 능력을 골고루 향상시킬 수 있도록 독해, 청취 그리고 작문 연습 문제를 포함하고 있습니다.

다양한 주제의 최근 신문 기사와 텔레비전 뉴스를 선별한 총 20장의 본문은 프랑스어 텍스트의 논리 전개를 살피고 주요 논제를 찾는 연습의 기회를 제공함과 동시에 프랑스어 문장의 구조를 명확하게 이해하고 분석하는 능력을 키울 수 있도록 준비되었습니다.

문장 분석 및 어휘 연구 부분에는 프랑스어와 한국어로 된 어휘 주석과 모든 문장에 첨부된 문장 기능 분석을 참고하여 프랑스어 문형들의 특징을 학습하면서 문법 지식을 확인하고 심화시키는 과정을 거칠 수 있습니다.

작문 연습 및 심화 학습 부분에서는 본문의 주요 구문을 복습하며 관련 어휘력을 향상시켜 줄 작문 문제뿐만 아니라 흥미 있는 어휘 학습 문제들(구어적 표현, 관용적 표현, 샹송 가사, 영화 광고문, 프루스트의 질문)과 문법 연습 문제들(제롱디프, 관사, 접속법, 부정법, 관계대명사)이 준비되어 있습니다.

음성 파일은 텔레비전 뉴스로 이뤄진 본문과 받아쓰기 문제를 위해 준비하였으며, 반복 청취를 통해 프랑스어 듣기 능력을 향상시킬 수 있습니다. 정확하고 객관적인 문장뿐만 아니라 구어로 이뤄진 다수의 인터뷰를 포함한 기사문의 청취 연습은 말하기와 글쓰기에도 실용적으로 활용할 수 있는 프랑스어 어휘 실력을 쌓을 수 있게 해 줄 것입니다.

외국어인 프랑스어의 성공적인 학습을 위해서는 되도록 많은 문장을 자주 그리고 꾸준히 읽고 쓰고 듣고 말하는 학습자의 노력이 중요합니다. 다양한 학습 자료를 활용하여 언어의 영역별 능력을 골고루 향상시키는 것에 목적을 둔 본 교재가 여러분의 실용적인 프랑스어 능력을 향상시키는 데 도움이 되길 바랍니다.

　　끝으로 본 교재의 집필 과정에 도움을 주신 모든 분들께 진심으로 감사드리며 프랑스어 수정 작업에 도움을 준 Marc Demeereleere 선생님께 고마운 마음을 전합니다.

이희영

차례

leçon 1
Sarkozy vaudou

1. Sarkozy vaudou

프랑스 정치 풍자 문화의 독특한 일면을 보여주는 기사
(2008-10-8 www.lemonde.fr)

La poupée vaudou à l'effigie de Nicolas Sarkozy reste en vente, mais le chef de l'Etat ne désarme pas pour autant. Quelques heures après le jugement rendu, mercredi 29 octobre, par le tribunal de Paris qui l'a "débouté" de sa demande de retirer sa figurine des différents circuits commerciaux, le président de la République a interjeté appel. Pour les trois magistrats qui ont eu à arbitrer cette affaire "la diffusion de la poupée litigieuse ne caractérise pas une atteinte fautive à son droit à l'image." C'est la première fois qu'un président de la République est désavoué par des juges en première instance.

M. Sarkozy devra plaider une nouvelle fois sa demande devant la cour d'appel. Selon son avocat, Me Thierry Herzog, la poupée n'est pas une caricature. "Le droit à l'humour existe en matière de diffamation mais pas en matière de droit à l'image", a-t-il défendu, en plaidant que la décision des juges était contraire à la jurisprudence.

Les juges estiment au contraire "que la caricature et la satire, même délibérément provocantes ou grossières, participent de la liberté d'expression et de communication des pensées et des opinions." Si, selon eux, "le droit à l'humour connaît des limites", ces dernières n'ont pas été dépassées par les éditions K & B, auteurs de l'ouvrage *Nicolas Sarkozy, le manuel Vaudou*, vendu avec la poupée. Les juges considèrent qu'ils n'ont pas "à apprécier le bon ou le mauvais goût du concept proposé." "Il s'agit d'une oeuvre de l'esprit, composé de deux supports indissociables", qui visent "à brocarder des idées et prises de positions politiques, comme des propos et comportements publics, en guise de protestation ludique et d'exutoire humoristique", soulignent-ils dans leurs attendus.

Le président de la République avait choisi la procédure de référé après une première démarche écrite le 16 octobre. Dans cette missive, Me Herzog demandait à l'éditeur de retirer sa figurine du coffret. Celui-ci, contenant la poupée vaudou et les douze aiguilles, est joint en cadeau pour tout achat de l'ouvrage mis en vente le 9 octobre à 20,000 exemplaires. La couverture du coffret ne ménage pas ses effets. "Grâce au sortilège concocté par le spécialiste en sorcellerie Yaël Rolognese, vous pouvez conjurer le mauvais oeil et empêcher Nicolas Sarkozy de causer davantage de dommages", est-il indiqué. Suivent des "mots clés" inscrits sur la poupée comme : "Casse-toi pauvre con!", "Travailler plus pour gagner plus", etc.

가. 문장 분석 및 어휘 연구

■문법 용어 약어 목록: (Ant)antécédent 선행사, (AO)attribut d'objet 목적어속사, (AS)attribut de sujet 주어속사, (CAG)complément d'agent 동작주보어, (COD)complément d'objet direct 직접목적보어, (COI)complément d'objet indirect 간접목적보어, (N)négation 부정, (PI)pronom interrogatif 의문대명사, (PR)pronom relatif 관계대명사, (S)sujet 주어, (SI)sujet impersonnel 비인칭 주어, (V)verbe 동사, (Vaux)verbe auxiliaire 조동사, (Vcond)verbe à la mode conditionnelle 조건법, (VFA)verbe au futur antérieur 전미래, (VFP)verbe au futur proche 근접미래, (VFS)verbe au futur simple 단순미래, (Vgér)verbe au gérondif 제롱디프, (Vinf)verbe à l'infinitif 동사원형, (VIMP)verbe à l'imparfait 반과거, (Vimpé)verbe à l'impératif 명령법, (Vpas)verbe à la voix passive 수동태, (VPC)verbe au passé composé복합과거, (Vppr)verbe au participe présent 현재분사, (Vpp)verbe au participe passé과거분사, (VPQP)verbe au plus-que-parfait 대과거, (Vsubj)verbe à la mode subjonctive 접속법.

La poupée vaudou(S) à l'effigie de Nicolas Sarkozy reste(V) en vente, mais le chef de l'Etat(S) ne(N) désarme(V) pas(N) pour autant.

■vaudou(a. et n. m.) culte animiste africain. 부두교. ■effigie(n. f.) représentation d'une personne, 초상. ■전치사구 à l'effigie de '~의 형상을 본떠서.' ■동사구 rester en vente '계속 판매 중이다.' (참고) 동사구 être en vente(=être dans le commerce). ■désarmer(v. t. et i.) apaiser, fléchir. (감정·마음 따위를) 누그러뜨리다. ■부사구 pour autant '그렇다고 해서.'

니콜라 사르코지의 형상을 딴 부두교 인형은 계속 판매될 것이다. 하지만 그렇다고 해서 나라의 수장이 화를 누그러뜨린 것은 아니다(=인형 판매 법원 결정에 대해 대통령이 수긍한 것은 아니다).

Quelques heures après le jugement <u>rendu</u>(Vpp), mercredi 29 octobre, (CAG)<u>par le tribunal de Paris</u>(Ant) <u>qui</u>(PR) (COD)<u>l'a "débouté"</u>(VPC) (COI)<u>de sa demande</u> de <u>retirer</u>(Vinf) <u>sa figurine</u>(COD) <u>des différents circuits commerciaux</u>(COI), <u>le président de la République</u>(S) <u>a interjeté</u>(VPC) <u>appel</u>(COD).

■débouter(v. t.) déclarer par jugement une personne déchue d'une demande. 각하하다. ■retirer(v. t. et pron.) ôter, reprendre. (de) (~을 ~로부터) 제거하다. ■figurine(n. f.) statuette. 작은 상(像). ■circuit(n. m.) parcours. 유통. ■appel(n. m.) voie de recours en justice. [법] 상소, 항소. ■동사구 interjeter appel(=faire appel) '상소하다.'

10월 29일 수요일 자신의 (형상을 딴) 인형을 여러 상업 유통업체로부터 제거(판매 중지)해 달라는 청원을 한 니콜라 사르코지를 패소시킨 파리 법정의 판결이 결정된 몇 시간 후에 대통령은 (이 결정에 불복하여) 상소했다.

Pour <u>les trois magistrats</u>(Ant) (PR)<u>qui ont eu</u>(VPC) à (Vinf)<u>arbitrer</u> (COD)<u>cette affaire</u> "<u>la diffusion de la poupée litigieuse</u>(S) (N)<u>ne caractérise</u>(V) (N)<u>pas</u> (COD)<u>une atteinte fautive</u> à son droit à l'image."

■전치사 pour는 관점, 의견 등을 나타내며 selon으로 대체 가능. ■magistrat(n. m.) officier civil qui rend la justice ou administre un territoire. 사법관. ■[avoir à+동사원형](=être obligé de) '~해야만 한다.' ■arbitrer(v. t.) juger en tant qu'arbitre. 중재하다, 조정하다. ■diffusion(n. f.) distribution, communication. 배포. ■litigieux(a.) qui est ou qui peut être en litige, contestable. 분쟁의, 소송 중의. ■caractériser(v. t. et pron.) déterminer, marquer. 특색을 드러내다. ■atteinte(n. f.) préjudice, dommage causé à qn. 손해, 침해. ■fautif(a.) plein de fautes. coupable. 죄지은, 잘못한.

> 이 사건을 중재했던 세 명의 판사들은 "분쟁을 일으킨 인형의 판매는 초상권의 불법적인 침해라고 보기 어렵다"는 판결을 내렸다.

C'est la première fois qu'<u>un président de la République</u>(S) <u>est désavoué</u>(VPAS) (CAG)<u>par des juges</u> en première instance.

■désavouer(v. t.) refuser de reconnaître. [법] 인정하지 않다. ■instance(n. f.) tribunal, actes de procédure permettant de faire un procès. [법] 소송, 재판소. (참고) tribunal de première instance 1심 법원, instance supérieure 상급재판소. ■강조 구문 [<u>C'est</u> la première fois <u>que</u> des juges en première instance ont désavoué un président de la République.]

> 프랑스 대통령이 1심 재판에서 (판사들에 의해) 패소(당)한 것은 이번이 처음이다.

<u>M. Sarkozy</u>(S) (VFS)<u>devra</u>(Vaux) (Vinf)<u>plaider</u> une nouvelle fois (COD)<u>sa demande</u> devant la cour d'appel.

■plaider(v. t. et i.) soutenir un procès. 소송을 제기하다. ■부사구 une nouvelle fois. '다시 한 번.' ■devant(prép.) en avant, en face. (공간) ~앞에(서). ■cour(n. f.) nom de certains tribunaux. 법원, 재판소. ■cour d'appel. 고등법원, 상고 법원.

사르코지(대통령)는 고등법원에 다시 자신의 소원(訴願)을 제기해야 할 것이다.

Selon son avocat, Me Thierry Herzog, <u>la poupée</u>(S) (N)<u>n'est</u>(V) <u>pas</u>(N) (AS)<u>une caricature.</u>

■**Me**=Maître(n. m.) titre donné aux avocats. 변호사, 법조인 등을 부를 때 쓰이는 호칭.
■**caricature**(n. f.) imitation dérisoire et excessive. (우스꽝스러운 특징만을 강조한) 캐리커처.

그의 변호사 티에리 에르조그에 의하면 이(사르코지 대통령 형상을 띤) 부두교 인형은 캐리커처가 아니(라고 한)다.

"<u>Le droit à l'humour</u>(S) <u>existe</u>(V) en matière de diffamation mais (N)<u>pas</u> en matière de droit à l'image", (Vaux)<u>a-t-il</u>(S) <u>défendu</u>(VPC), (Vgér)<u>en plaidant</u> que <u>la décision des juges</u>(S) <u>était</u>(VIMF) (AS)<u>contraire à la jurisprudence.</u>

■전치사구 **en matière de** '~분야에서.' ■**diffamation**(n. f.) action de diffamer, accusation. 중상, 명예 훼손. ■동일주어와 동사 생략 [mais le droit à l'humour n'existe pas en matière de de droit à l'image]. ■[a-t-il défendu] 직접 인용문 뒤 화자를 나타내는 표현에서는 주어와 동사가 도치 어순을 갖는다. ■제롱디프[en plaidant que la décision des juges était contraire à la jurisprudence]는 전치 주절과의 동시성을 나타낸다. ■**jurisprudence**(n. f.) ensemble des principes de droit qui reposent sur l'ensemble des jugements rendus par les tribunaux. (총칭적 의미의) 판례.

"유머의 권리는 명예 훼손 분야에서 존재하는 것이지, 초상권의 분야에서는 (유머의 권리가) 존재하지 않는다."(라고) 그는 반박했다. (동시에 그는) 이러한 법원의 결정이 판례에 어긋난다고 주장했다.

Les juges(S) estiment(V) au contraire "que la caricature et la satire(S), même délibérément provocantes ou grossières, participent(V) (COI)de la liberté d'expression et de communication des pensées et des opinions."

■부사구 au contraire '반대로.' ■satire(n. f.) écrit, discours qui raille qn/qc. 풍자, 빈정거림. ■délibérément(ad.) volontairement. 고의로, 일부러. ■provocant(a.) qui provoque délibérément des réactions. 도발적인. ■grossier(a.) qui manque de délicatesse, incivil. 무례한. ■participer(v. t.) tenir de la nature de. (~의) 성질을 띠다.

반대로 재판관들은 다음과 같이 판결했다. "캐리커처와 풍자는, 의도적으로 공격적이고 불손하다 하더라도, 표현의 자유에 해당하며 자유로운 생각과 의견의 소통에 준한다."

Si, selon eux, "le droit à l'humour(S) connaît(V) (COD)des limites", ces dernières(S) (N)n'ont(Vaux) (N)pas (VPC)été dépassées(Vpas) (CAG)par les éditions K & B, auteurs de l'ouvrage *Nicolas Sarkozy, le manuel Vaudou*, vendu avec la poupée.

■종속절[Si···des limites]과 주절[ces dernières···avec la poupée]. ■[selon eux]=[selon les (trois) juges]. 전치사 뒤 강세형 인칭대명사. ■connaître(v. t.) avoir. (주어는 사물) 있다. ■limite(n. f.) borne. 한계. ■dépasser(v. t.) excéder, surpasser. (정도·한계를) 넘다, 초과하다. ■ouvrage(n. m.) livre, oeuvre, volume. 저작물, 책. ■auteur(n. m.) celui qui a fait un ouvrage de littérature. 작가, 저자. ■능동태문장[les éditions K & B, auteurs de l'ouvrage *Nicolas Sarkozy, le manuel Vaudou*, vendu avec la poupée, n'ont pas dépassé les limites du droit à l'humour.]

재판관들에 따르면, "유머의 권리(보장)에도 한계가 있다." 대통령 (형상을 딴) 인형과 함께 판매되는 『부두교 교재, 니콜라 사르코지』의 저자들 K & B 출판사는 (허용된) 유머의 한계를 넘지 않았다.

Les juges(S) considèrent(V) qu'ils(S) (N)n'ont(V) (N)pas à apprécier(Vinf) (COD)le bon ou le mauvais goût du concept proposé.

■apprécier(v. t.) évaluer, estimer. 평가하다. ■goût(n. m.) inclination, préférence pour une personne, pour une chose. 기호, 취향.

재판관들의 의견은 다음과 같다. "(우리는) 제안된 (이 상품의) 의도가 좋은지 혹은 나쁜지를 판단해야 하는 것이 아니다."

"Il(SI) s'agit(V) d'une oeuvre de l'esprit, composé de deux supports indissociables(Ant)", (PR)qui visent(V) "à (Vinf)brocarder (COD)des idées et prises de positions politiques, comme des propos et comportements publics, en guise de protestation ludique et d'exutoire humoristique", (V)soulignent-ils(S) dans leurs attendus.

■비인칭구문 [Il s'agit de qc/qn] '~에 관계되다, 문제되다.' ■indissociable(a.) qu'on ne peut dissocier. inséparable. 분리할 수 없는. ■brocarder(v. t.) piquer par des railleries, des paroles satiriques. 가볍게 비꼬다. ■prise de position(sur qc) (~에 대한) 의견 표명. ■전치사구 en guise de qc '~로(서), 대신에.' ■ludique(a.) qui tient du jeu. 유희적인. ■exutoire(n. m.) issue donnée à des dispositions bonnes ou mauvaises. (욕망·시샘 따위의) 배출구. ■attendu(n. m.) argument d'un jugement. attendus d'un jugement. 판결 이유.

"이 상품은 분리될 수 없는 두 개의 요소(=교재와 인형)가 합쳐진 하나의 (정신적) 창작물이다. (또한 이 교재와 인형은) 오락적인 항의 표현이며 희극적 배출구로서 대중 앞에서 한 행동과 말 같은 (대통령의) 정치적 입장이나 사상들을 풍자하기 위해 만들어진 것이다." 재판관들은 판결 이유에서 (이같이) 강조했다.

Le président de la République(S) avait choisi(VPQP) (COD)la procédure de référé après une première démarche écrite le 16 octobre.

■référé(n. m.) recours à un juge qui, dans les cas urgents, statue provisoirement. [법] (긴급 사건의) 급속심리, 가처분. ■démarche(n. f.) manière d'agir. sollicitation. 방식, 과정, 절차.

지난 10월 16일 최초의 (사건 관련 통신문 발송) 서류 절차 후에 대통령은 급속심리를 선택한 바 있다.

Dans cette missive, Me Herzog(S) demandait(VIMF) (COI)à l'éditeur de retirer(Vinf) (COD)sa figurine (COI)du coffret.

■missive(n. f.) lettre missive : qui est confiée à une personne ou à un service chargés de la faire parvenir dans les meilleurs délais. [법] lettre missive 통신문(편지·우편엽서·전보 등). ■coffret(n. m.) petit coffre. (상자로 포장된) 상품 세트.

이 (급속심리) 신청서에서 에르조그 변호사는 출판인에게 (문제의 세트) 상품에 포함된 (대통령의 형상을 띤) 인형을 제거해 달라고 요구를 했었다.

<u>Celui-ci</u>(S), (Vppr)<u>contenant</u> (COD)<u>la poupée vaudou et les</u> <u>douze aiguilles</u>, <u>est</u>(V) (AS)<u>joint</u> en cadeau pour tout achat de l'ouvrage mis en vente le 9 octobre à 20,000 exemplaires.

■**aiguille**(n. f.) petite tige d'acier pointue à un bout, et percée à l'autre d'un trou dans lequel on fait passer le fil à coudre. 침. ■**joint**(a.) qui est uni, lié. 첨부하는, 덧붙여진. ■**achat**(n. m.) acquisition. 물건사기, 구입.

(대통령의 형상을 띤) 부두교 인형과 12개의 침으로 구성된 이 세트 상품은 10월 9일부터 2만 부로 발매를 시작한 부두교 교재의 모든 구매(자)에게 사은품으로 첨부되었다.

<u>La couverture du coffret</u>(S) (N)<u>ne</u> <u>ménage</u>(V) (N)<u>pas</u> (COD)<u>ses</u> <u>effets</u>.

■**couverture**(n. f.) couvre-livre. (책·노트 따위의) 표지, couverture cartonnée 하드커버. ■**ménager**(v. t. et pron.) dépenser avec économie. traiter avec des égards. 절약하다, 배려하다.

이 세트(상품)의 포장(겉면)도 (풍자의) 효과를 아끼지 않았다(=대통령에 대한 풍자를 많이 담고 있다).

"Grâce au sortilège concocté par le spécialiste en sorcellerie Yaël Rolognese, <u>vous</u>(S) <u>pouvez</u>(Vaux) <u>conjurer</u>(Vinf) (COD)<u>le mauvais oeil</u> et <u>empêcher</u>(Vinf) (COD)<u>Nicolas Sarkozy</u> de (Vinf)<u>causer</u> (COD)<u>davantage de dommages</u>", (VPC)<u>est-il</u>(S) <u>indiqué</u>(Vpas).

■sortilège(n. m.) maléfice, enchantement, magique. 마법, 요술. ■전치사구 grâce à qn/qc '~덕분에, 도움으로.' ■concocter(v. t.) élaborer, préparer. [구어] 고심하여 제작하다. ■sorcellerie(n. f.) opération de sorcier, ce qui relève des pratiques magiques. 마법, 주술. ■conjurer(v. t. et i.) exorciser, détourner un malheur. 음모를 공모하다. ■mauvais œil : un regard de jalousie pouvant provoquer des malheurs. 저주. ■동일 주어 조동사 생략[vous pouvez empêcher Nicolas Sarkozy de causer davantage de dommages.]

> "주술의 전문가인 야엘 호로네즈에 의해 만들어진 주술 덕분에, 당신은 저주를 걸 수도 있으며, 또한 (당신은) 니콜라 사르코지(대통령)가 더 이상의 손상(=문제들)을 일으키는 것을 막을 수 있습니다."(라고) (세트 상품 포장 겉면에) 적혀 있다.

Suivent(V) des "mots clés"(S) inscrits sur la poupée comme : "(Vimpé)Casse-toi pauvre con!", "Travailler(Vinf) plus pour gagner(Vinf) plus", etc.

■기본문장[Suivent des "mots clés"]과 주어를 수식하는 과거분사구[inscrits sur la poupée]로 확장된 구조이며 동사에 비해 주어가 너무 길기 때문에 동사와 주어가 도치된 어순을 가진다. ■se casser(v. t. i. et pron.) se débiner. [구어] 달아나다, 도망치다. ■[tu te casses]의 명령법 [Casse-toi] : 직접목적보어 강세형인칭대명사 형태 도치. ■con(a. et n. c.) imbécile. [구어] 머저리. ■[Travailler…gagner…] 명령법 대신 동사원형.

> 인형에 새겨진 주요 문구가 (다음과 같이) 계속된다. (=이 같은 주요 문구가 인형에 새겨져 있어 대통령에 대한 풍자가 계속된다). "꺼져! 머저리야!" "돈을 더 벌려면 일을 더 해라!"

나. 작문 연습 및 심화 학습

1. 중국에서는 인터넷상 표현의 자유가 위협받고 있는가?
   ■liberté d'expression
2. 파울로 코엘료의 신간 『베로니카 죽기로 결심하다』는 3월 26일부터 판매될 예정이다.
   ■décider, être en vente (Paulo Coelho)
3. 아이패드의 사용설명서는 첨부자료에 실려 있다.
   ■être joint
4. 세계화는 이익보다는 더 많은 손해를 야기할 것이다.
   ■causer dommage
5. 유럽에서 휴가를 보내려면 1년 내내 저축을 해야 한다.
   ■avoir à (économiser)
6. 이 "고용을 위한 세계 협정"은 일자리의 창출과 경제 회복의 부양을 목표로 한다.
   ■viser à (stimuler la reprise économique)
7. 그녀는 우리를 돕기 위해 지원을 아끼지 않았다.
   ■ménager (sa peine)

8. 본문을 요약한 다음 지문을 프랑스어로 고쳐 봅시다. 음성 파일을 들으면서 본인이 작성한 본문과 비교해봅시다.

   ■se moquer, voilà en substance,

   (우리는) 대통령을 풍자할 권리가 있습니다.
   ....
   이 사건의 요지는 다음과 같습니다.
   ....
   파리 법정(의 판결)은 부두교 인형 사건에서 니콜라 사르코지 대통령 측을 패소시켰습니다.
   ....
   ....

판사들은 이 (니콜라 사르코지 형상의 부두교) 인형들이 표현의 자유의 한계를 벗어나지 않는다고 평가했습니다.

....

....

사르코지 대통령이 상소를 결정했지만, 결국 그 인형들의 판매는 계속될 것입니다.

....

....

leçon 2
Un défi hors du commun

2. Un défi hors du commun

사지가 절단된 장애를 가진 프랑스인의 감동을 주는 성공담
(2010-9-18 www.leparisien.fr)

C'est un défi hors du commun. Un exploit rare qui impose un respect immense. Philippe Croizon, handicapé de 42 ans amputé des quatre membres, a réussi samedi à traverser la Manche à la nage. Un huissier a constaté qu'il avait touché un rocher au pied d'une falaise de la côte française à proximité de Wissant (Pas-de-Calais) à 21h13 un peu plus de 13 heures après son départ des côtes anglaises.

-"J'ai réussi. J'ai fait un sprint final. Il y avait du monde sur la falaise pour m'accueillir. C'est vraiment un truc de fou. J'en voulais. Je voulais y arriver. J'espère être un symbole pour le dépassement de soi", a réagi l'intéressé, ému aux larmes, quelques minutes après son arrivée.

Le nageur était parti peu avant 8h00 (heure française) samedi matin depuis Folkestone (Angleterre). Il a terminé sa traversée avec plusieurs heures d'avance sur les prévisions en réalisant un temps de traversée digne d'un très bon nageur. Dans ses meilleures prévisions, Philippe pensait réaliser la traversée en 20 heures voire 24 heures de nage.

-"Je vais faire mon Everest de la natation et montrer une autre image du handicap, montrer qu'une personne handicapée n'est pas une personne inutile au contraire", avait commenté l'aventurier peu avant son départ.

Pour relever son défi, le nageur a fait concevoir des prothèses équipées de palmes fixées à ses moignons de jambes. Ses moignons de bras ne lui servent pas à avancer mais lui permettent de trouver l'équilibre et de ne pas souffrir du mal de mer.

Non seulement l'exploit est désormais accompli, mais il pourrait bien en susciter d'autres : Philippe Croizon rêve maintenant de traverser le détroit de Gibraltar.

가. 문장 분석 및 어휘 연구

■(Ant)선행사, (AO)목적어속사, (AS)주어속사, (CAG)동작주보어, (COD)직접목적보어, (COI)간접목적보어, (N)부정, (PI)의문대명사, (PR)관계대명사, (S)주어, (SI)비인칭주어, (V)동사, (Vaux)조동사, (Vcond)조건법, (VFA)전미래, (VFP)근접미래, (VFS)단순미래, (Vgér)제롱디프, (VIMP)반과거, (Vimpé)명령법, (Vinf)동사원형, (Vpas)수동태, (VPC)복합과거, (Vpp)과거분사, (Vppr)현재분사, (VPQP)대과거, (Vsubj)접속법.

(SI)C'est(V) (AS)un défi hors du commun. Un exploit(Ant) rare (PR)qui impose(V) (COD)un respect immense.

■défi(n. m.) provocation. 도전. ■hors du commun=extraordinaire. 보통 이상의, 비범한. ■exploit(n. m.) action d'éclat. 수훈, 위업. ■imposer(v. t.) faire reconnaître. 불러일으키다, 인정하게 하다.

이는 위대한 도전이다. 이 성공담은 우리에게 커다란 존경심을 불러일으킨다.

Philippe Croizon(S), handicapé de 42 ans amputé des quatre membres, a réussi(VPC) samedi à traverser(Vinf) (COD)la Manche à la nage.

■**handicapé**(n. c.) qui souffre d'un handicap, infirme. 장애자, handicapé physique 신체장애자. ■**handicaper**(v. t.) 장애자가 되게 하다 être handicapé par son accident 사고로 장애자가 되다. ■**amputer**(v. t.) couper un membre. 절단 수술을 하다. ■**membre**(n. m.) partie du corps unie au tronc par des articulations. 사지, 팔다리. membre inférieur 하지(下肢), 다리/membre supérieur 상지(上肢), 팔. ■**manche**(n. f.) partie du vêtement qui enveloppe le bras. bras de mer. 해협. la Manche 영불해협(약 34km). ■[à la nage] 상황보어(방법, 수단).

사지가 절단된 42세의 장애인 필립 쿠와종은 토요일에 헤엄쳐서 영불해협을 건너는 데 성공했다.

Un huissier(S) a constaté(VPC) qu'il(S) avait touché(VPQP) (COD)un rocher au pied d'une falaise de la côte française à proximité de Wissant (Pas-de-Calais) à 21h13 un peu plus de 13 heures après son départ des côtes anglaises.

■**huissier**(n. m.) officier ministériel chargé de signifier les actes de procédures 집행관. ■**constater**(v. t.) établir la vérité d'un fait, vérifier. 확인하다, (확인 사항을) 기록하다. ■주절의 시제는 복합과거[a constaté]이며 보충절[qu'il… 이하]의 시제는 이보다 앞선 대과거 시제[avait touché]. ■**falaise**(n. f.) escarpement le long de la mer. (해안의) 절벽. ■**côte**(n. f.) littoral. 해안, 연안, 근해(近海). ■**à proximité de**(= tout près) (~의) 근처에.

집행관은 필립이 영국해변을 출발한 지 13시간이 조금 지난 저녁 9시 13분에 파드칼레 지방의 비상 근처 프랑스 해협의 절벽 하부 암벽에 도착한 것을 확인했다.

"(S)J'ai réussi(VPC). (S)J'ai fait(VPC) un sprint final(COD). Il(SI) y avait(VIMF) du monde sur la falaise pour (COD)m'accueillir(Vinf).

■sprint(n. m.) accélération brutale des coureurs à la fin d'une course. 마지막 역주. ■비인칭구문[il y avoir…] '~이 있다.' 동사 voir는 3인칭 단수 il만을 주어로 가지는 전환된 비인칭동사. ■반과거시제[il y avait]는 과거의 지속적인 상태, 상황에 대한 묘사 또는 반복적으로 일어난 사건 등을 묘사할 때 사용. ■accueillir(v. t.) recevoir une personne ou une chose. 맞이하다, 데리러 나오다.

> "성공했어요. 마지막에 힘을 냈지요. 절벽 위에는 나를 맞이하러 온 사람들이 있었어요."

> (SI)C'est(V) vraiment (AS)un truc de fou. (S)J'en(COD) (VIMF)voulais. (S)Je (Vaux)voulais(VIMF) y arriver(Vinf).

■truc(n. m.) désigne une chose dont on ne connaît pas le nom. [구어] (이름을 모르거나 밝히기 싫은 사물·사람을 가리켜) 것, 아무개. ■명사군[un truc de fou]에서 전치사 de와 무관사명사 fou는 전치하는 명사 truc을 수식하는 구조이며 구어적 표현(과장법)으로 '정신 나간 짓=엄청난 경험' 정도로 해석 가능. (참고) paroles de fou '정신 나간 소리.' ■중성대명사 en와 y는 모두 영불해협 횡단 의미. [J'en voulais.]=[Je voulais y arriver.] 반복 강조.

> "정말 대단한 경험입니다. 진정 원하던 일이었고 정말 이루고 싶었습니다."

> (S)J'espère(V) être(Vinf) (AS)un symbole pour le dépasse-ment de soi", a réagi(VPC) l'intéressé(S), ému aux larmes, quelques minutes après son arrivée.

■[dépassement de soi] 자기 초월. soi는 3인칭강세대명사가 아닌 불변하는 남성명사로 '자기 자신'을 의미. (참고) 강조형태 soi-même. (예: abandon de soi-même '자기희생, 헌신.') ■réagir(v. i.) exercer une réaction. 대응하다, 대답하다. ■[ému au larmes]: 형용사 ému(동사 émouvoir의 과거분사)와 전치사구 aux larmes로 이뤄진 삽입구(직역 '눈물을 흘릴 정도로 감동한')로 전치 주어 수식.

"(자신의) 한계를 극복하는 상징이 되고 싶습니다." 도착 몇 분 후에 감동의 눈물을 흘리면서 그는 말했다.

Le nageur(S) était parti(VPQP) peu avant 8h00 (heure française) samedi matin depuis Folkestone (Angleterre).

■이 문장의 시제는 대과거[était parti]이고 다음 문장의 시제는 복합과거[a terminé]이며 그 다음 문장의 시제는 반과거[pensait]이다. 시간 순서에 따른 사건 설명 시 시제에 주의하자.

토요일 아침 프랑스 시간으로 오전 8시 조금 전에 수영하는 사람(필립 쿠와종)은 영국의 폴크스톤에서 (프랑스 해협 쪽으로) 출발했다.

Il(S) a terminé(VPC) (COD)sa traversée avec plusieurs heures d'avance sur les prévisions (Vgér)en réalisant (COD)un temps de traversée digne d'un très bon nageur.

■d'avance 일찍, 미리, 사전에(=à l'avance). ■prévision(n. f.) concevoir une chose avant le temps où elle doit être faite. 예측, 예상. ■제롱디프[en réalisant…]는 전치 문장[Il a terminé…]과 동시성. ■digne(a.) qui mérite. convenable. (de qn/qc) (할) 만한, (~에) 어울리는.

그는 우수한 수영 선수에게 기대할 만한 기록을 세우면서 예상보다 몇 시간 빨리 횡단을 마쳤다.

Dans ses meilleures prévisions, Philippe(S) (VIMF)pensait (Vinf)réaliser (COD)la traversée en 20 heures voire 24 heures de nage.

■과거 시제의 상태 묘사(혹은 과거에 반복적으로 일어난 사건)에 사용하는 반과거시제: [pensait]. ■voire(ad.)(=et même, et aussi) 그 위에, 게다가 또.

> 필립은 (빠르면) 20시간 혹은 (최장) 24시간 정도를 최고 횡단 기록으로 (실현시키리라) 예상했었다.

> "Je(S) vais(VFP) (Vinf)faire (COD)mon Everest de la natation et montrer(Vinf) (COD)une autre image du handicap, montrer(Vinf) qu'une personne handicapée(S) (N)n'est(V) (N)pas (AS)une personne inutile au contraire", avait commenté(VPQP) l'aventurier(S) peu avant son départ.

■근접 미래 [aller + 동사원형]. ■[au contraire]는 앞 문장의 내용에 대한 부정[=au contraire je vais montrer qu'une personne handicapée est une personne (très) utile et (capable de tel exploit…)]. ■직접인용문 뒤에 위치하는 발언동사와 주어는 도치어순: [avait commenté l'aventurier]. ■대과거시제[avait commenté]는 앞 문장의 복합과거[a terminé] 그리고 반과거시제[pensait]보다 선행된 과거 사건을 나타낸다.

> "나는 수영으로 에베레스트 산을 정복할 것입니다. 장애인의 다른 면모를 보여 주고 싶습니다. 장애인이 쓸모없는 사람들이 아니라는 것을 보여주고자 합니다. 오히려 (그) 반대(장애인은 능력 있는 사람들이라는 것)를 보여주고자 합니다."(라고) (영불해협 횡단) 출발 조금 전에 이 모험가(필립 쿠와종)는 밝혔다.

> Pour (Vinf)relever (COD)son défi, le nageur(S) a fait(VPC) (Vinf)concevoir (COD)des prothèses équipées de palmes fixées à ses moignons de jambes.

■relever le défi '도전에 응하다.' ■concevoir(v. t.) inventer, créer, imaginer. 구상하다, 고안하다. ■prothèse(n. f.) pièce servant de remplacement à un organe, à un membre. (인체의 기관을 인공적인 것으로 바꾸는) 보철(술), 보철물. ■moignon(n.

m.) ce qui reste d'un membre amputé. (손·발 따위의) 잘라진 나머지.

이 수영하는 사람(필립 쿠와종)은 이 도전을 위해 다리의 절단 부위에 고정할 수 있는 오리발을 장착한 보철물을 고안해 냈다.

Ses moignons de bras(S) (N)ne (COI)lui servent(V) (N)pas à avancer(Vinf) mais (COI)lui (V)permettent de (Vinf)trouver (COD)l'équilibre et de (N)ne pas (Vinf)souffrir (COI)du mal de mer.

■servir(à qn) à qc/inf. (~에) 쓸모 있다, 소용되다. ■mais [ses moignons lui(=à Philippe) permettent de trouver l'équilibre] et [ils lui permettent (aussi) de ne pas souffrir du mal de mer]. ■mal de mer: nausée qui apparaît à cause des mouvements d'un bateau. 멀미. souffrir du mal de mer. 멀미로 고생하다.

그의 두 팔 절단 부위는 앞으로 나아가는 데 도움이 되진 않았다. 그러나 (이 절단 부위는 그에게) 균형을 잡게 해 주었고 (이 절단 부위는 그에게) 멀미를 가라앉혀 주었다.

Non seulement l'exploit(S) est(V) désormais accompli(AS), mais il(S) (Vaux)pourrait(Vcond) bien (COD)en susciter(Vinf) d'autres(AO).

■non seulement…mais (aussi) ('~뿐만 아니라 ~도'). ■화자(=기자)의 추측을 나타내는 조건법 : [pourrait]. ■susciter(v. t.) faire naître. (감정·생각 따위를) 불러일으키다. 중성대명사 en은 동사 susciter의 직접목적보어로 (des) exploits을 가리킨다.

그의 도전은 성공적으로 완수되었을 뿐만 아니라 또 다른 도전을 불러일으키는 것 같다.

> <u>Philippe Croizon</u>(S) <u>rêve</u>(V) maintenant de <u>traverser</u>(Vinf) (COD)<u>le détroit de Gibraltar</u>.

■**rêver**(de qc/inf.)(v. t. et i.) souhaiter. 동경하다, 열망하다. *Elle rêvait de devenir mannequin.* ■**détroit**(n. m.) Bras de mer resserré entre deux terres. 해협. *Détroit du Pas de Calais* 영불해협.

필립 쿠와종은 이제 지브롤터 해협의 횡단을 꿈꾼다.

나. 작문 연습 및 심화 학습

1. 한 벨기에인이 83시간 동안 프렌치 프라이드를 만드는 무모한 도전을 한다.
   ■relever un défi
2. 브뤼셀은 내년의 (경제) 성장에 대해 개선된 예상을 발표했다.
   ■(meilleures) prévisions
3. 열 명 중 한 명의 여성이 폭력적인 배우자의 희생자이다.
   ■victime de (conjoint violent)
4. 미키(마우스)는 자신의 형상을 딴 마카롱을 만들게 했다.
   ■faire fabriquer (macaron)
5. 그는 자신의 변호사 비용을 대는 데 사용한 돈의 출처에 대해 질문을 받았다.
   ■servir à (payer son avocat)
6. 이 도시는 아직 그 이름과 크기에 걸맞은 박물관을 갖추지 못했다.
   ■digne de (son nom)

7. 다음 지문 중 한국어로 된 문장을 프랑스어로 고쳐 봅시다. 음성 파일을 듣고 본인이 작성한 본문과 비교해봅시다.

Et on commence ce journal avec des images de soleil et de plage.

참으로 유감스럽게도, (여름) 휴가는 (이제) 끝입니다.

....

당연히 여러분 가운데 많은 이들은 이 무위 안일한 시간을 최후의 순간까지 만끽하고 싶어 합니다!

....

-"(Ben) C'est vrai qu'on n'a pas envie de reprendre. On a envie de rester en vacances et on essaie de profiter du dernier soleil. Avant de rattaquer (un) une année sans prendre de vacances."

수 일 안에, 양지에서의 빈둥거림,

....

모래성과 물놀이를 하며 보낸 오후들은 머나먼 기억이 될 것입니다!

....

-"C'est quand la rentrée pour vous?
-Lundi, lundi matin. Le travail reprend. Et puis j'espère qu'il n'y aura pas trop de grisaille. Et puis surtout ("On pensera beaucoup à toi lundi") qu'il ne fera pas froid. Oui, tu m'étonnes!"
-"On pensera beaucoup à elle lundi (beaucoup, beaucoup)!"

(여행을) 떠나길 원해 봤자 소용없습니다.

....

여러분은 귀환(=휴가의 끝)을 피할 수 없을 것입니다.

....

leçon 3
Paris-plages

3. Paris-plages

Paris-plages, c'est terminé et c'est une surprise. Malgré la météo très maussade de l'été, la _____ édition s'en _____ plutôt bien. Le reportage de Yohann Rollat.

Hier au plus fort de la journée il aura suffi de _____ rayons de soleil entre _____ nuages pour voir _____ les transats du front de Seine pris d'assaut. A peine _____ degrés dans l'air et un vent qui chahute un peu les palmiers, pas terrible, c'est sûr, mais suffisant pour _____ une sieste, un pique-nique et pour _____ téméraires une petite séance de bronzage.

-"Il faut en profiter, hein. Il y a eu deux jours d'été cette année. Il y en a eu un en juillet et un aujourd'hui. C'est un petit été. on va dire."

Pas question de _____ de Paris-plages. À l'heure où les plus frileux se préparent pour un _____ rigoureux, les autres plus gourmands font déjà _____ devant les stands de glace, ou à la terrasse des restaurants de la plage.

Les commerçants le reconnaissent : la saison a été très pluvieuse. Mais certains jours ils ont réussi à passer entre les _____

-"Par exemple, le _____ , il faisait très mauvais. Nous avons ouvert. Sous les parapluies, les gens pique-niquaient et étaient très heureux."

Pas de chiffre _____ de la fréquentation pour cette édition mais la mairie annonce que certaines activités comme la pétanque

> ont séduit _____ de monde ___ l'année dernière.
>
> Dès ce soir, boulodromes et parasols retrouvent leurs quartiers d'hiver. Les quais de Seine _____ réouvriront _____ mercredi, aux voitures cette fois.

가. 문장 분석 및 어휘 연구

■(Ant)선행사, (AO)목적어속사, (AS)주어속사, (CAG)동작주보어, (COD)직접목적보어, (COI)간접목적보어, (N)부정, (PI)의문대명사, (PR)관계대명사, (S)주어, (SI)비인칭주어, (V)동사, (Vaux)조동사, (Vcond)조건법, (VFA)전미래, (VFP)근접미래, (VFS)단순미래, (Vgér)제롱디프, (VIMP)반과거, (Vimpé)명령법, (Vinf)동사원형, (Vpas)수동태, (VPC)복합과거, (Vpp)과거분사, (Vppr)현재분사, (VPQP)대과거, (Vsubj)접속법.

> Paris-plages, (SI)c'est(V) (AS)terminé et (SI)c'est(V) (AS)une surprise.

■**Paris-plages**: 2002년부터 매년 파리 시청이 센 강변에 인공 해변을 조성하여 한 달간(7월 20일부터 8월 20일까지) 파리 주민들과 여행객들에게 새로운 즐거움을 선사하고 있는 "파리-해변(행사)." ■**terminer**(v. t.) finir, achever. 끝마치다, 종료하다. ■**surprise**(n. f.) étonnement. 놀람.

파리-해변 행사는 끝이 났고 (그리고 그 결과는) 놀라웠습니다.

> Malgré la météo très maussade de l'été, la sixième édition(S) s'en sort(V) plutôt bien. Le reportage de Yohann Rollat.

■malgré(pré.)(=en dépit de) (~에도) 불구하고, (~을) 무릅쓰고. ■maussade(a.) désagréable, triste. 침울한, 따분한. ■s'en sortir(=se tirer d'affaire). '궁지에서 벗어나다. 간신히 수지를 맞추다.'

(올)여름의 굳은 날씨에도 불구하고 6년째를 맞는 파리-해변 행사는 예상보다 더 큰 성공을 거두었습니다. 요한 홀라 기자의 취재입니다.

Hier au plus fort de la journée il(SI) aura suffi(VFA) (COD)de quelques rayons de soleil entre deux nuages pour (Vinf)voir (COD)tous les transats du front de Seine pris d'assaut.

■비인칭구문[il suffir (de…)]. '(~하는 데) 충분하다.' 복합과거시제보다 부드러운 어조를 나타내는 전미래시제: [il aura suffi]. ■transat(n. m.) chaise longue pliante. 천으로 된 접는 의자. ■front(n. m.) devant, face. 정면, 앞면. ■prendre d'assaut '어떤 곳에 몰려들다.' ■assaut(n. m.) attaque de vive force. 습격.

(파리-해변 행사의 마지막 날인) 어제 가장 온도가 높았던 시간(대)에는 구름 사이로 비치는 적은 햇살로도 센 강변의 모든 천 접이의자가 점령당하기에 충분했습니다.

A peine vingt degrés dans l'air et un vent(Ant) qui(PR) chahute(V) un peu (COD)les palmiers, (N)pas terrible, (SI)c'est(V) (AS)sûr, mais suffisant pour tenter(Vinf) (COD)une sieste, (COD)un pique-nique et pour les plus téméraires (COD)une petite séance de bronzage.

■부사구 à peine '겨우, 고작.' ■주어 동사 생략[Hier, il faisait à peine 20 degrés dans l'air…]. ■ chahuter(v. t. et i.) bousculer. 소란을 피우다. ■[C'est sûr qu'il(=le temps d'hier) n'est pas terrible.] ■ [mais c'est suffisant pour tenter une sieste ou un pique-nique et c'est suffisant, pour les personnes qui sont les plus téméraires, pour tenter une petite séance de bronzage.] ■**sieste**(n. f.) repos que l'on prend après le repas de midi. 낮잠. ■**séance**(n. f.) temps consacré à une occupation quelconque. 1회. ■**téméraire**(a. et n. c.) imprudent. 무모한, 무모한 사람.

(어제) 야외 (온도)는 겨우 20도에 불과했고 야자나무를 조금씩 흔드는 바람도 불었습니다. 좋지 않은 (날씨인) 것이 분명하지만 낮잠을 청하거나 피크닉을 (시도)하기에 충분한 날씨였습니다. (또한) 가장 무모한 사람들에게는 일광욕을 시도하기에도 (충분한 날씨였습니다).

- "Il(SI) faut(V) (COD)en profiter(Vinf), hein."

■현장 인터뷰. ■비인칭구문[il falloir+동사원형] '~해야 한다.' ■**profiter**(v. t.) saisir une opportunité, bénéficier. ~을 이용하다, 이익을 취하다. ■ 중성대명사 en은 문맥상 후치 문장의 (deux) jours d'été을 대신한다고 볼 수 있다. ■**hein** (interj.) expression de l'interrogation, de l'étonnement. (동의의 요구) 그렇지 않소(=n'est-ce pas).

"(마지막 여름 햇살을) 즐겨야죠! (그렇지 않나요?)"

-"Il(SI) y a eu(VPC) (COD)deux jours d'été cette année. Il(SI) y (COD)en a eu(VPC) un en juillet et un aujourd'hui."

■[Il y a eu un jour d'été en juillet et (il y a=on a=nous avons) un jour d'été aujourd'hui.]

"올여름에 단 이틀의 여름날이 있었는데, 하루는 7월에 있었고 또 다른 하루는 바로 오늘입니다."

- "(SI)C'est(V) (AS)un "petit été", on(S) va(VFP) dire(Vinf)."

■삽입절[on va dire]은 부드러운 어조[=comme on dit]를 만들고 있다.

"짧은 여름(날)이라 부를 수 있겠죠 (아마도)."

Pas(N) question de perdre(Vinf) (COD)une miette de Paris-plages.

■비인칭구문[(Il n'est) pas question de] '~하는 것은 상상할 수 없다.' ■perdre une miette(de qc) '(~의) 조금이라도 잃다/놓치다.'

파리-해변 행사의 마지막을 즐기지 못한다는 것은 말도 안 됩니다(=파리-해변 행사를 끝까지 즐겨야 합니다).

À l'heure où les plus frileux(S) se préparent(V) pour un hiver rigoureux, les autres plus gourmands(S) font(V) déjà (COD)la queue devant les stands de glace, ou à la terrasse des restaurants de la plage.

■frileux(a. et n. c.) qui est très sensible au froid. 추위를 많이 타는. ■rigoureux(a.) très sévère, rude. 엄격한, 가혹한. ■동사구 faire la queue(=attendre leur tour en file de personnes). '줄 서다.' ■stand(n. m.) emplacement réservé. 진열대. ■시간종속절[À l'heure où…un hiver rigoureux]과 주절[les autres…la queue]의 구조.

추위에 약한(=추위를 많이 타는) 사람들이 (벌써) 혹독한 추위에 대비하는 이 시간에(도), 음식을 좋아하는 사람들은 (파리) 해변에 위치한 아이스크림 가게 앞이나 식당 테라스에 벌써 줄을 서 있습니다.

Les commerçants(S) (COD)le reconnaissent(V): (S)la saison (VPC)a été très (AS)pluvieuse.

■commerçant(a. et n. c.) qui fait du commerce. 상업의, 상인. ■reconnaître(v. t. et pron.) admettre comme vrai, identifier. 알아보다, 기억해내다. ■pluvieux(a.) abondant en pluie. 비의, 비가 많이 오는. ■중성대명사 le=후치 문장의 내용[la saison a été très pluvieuse].

상인들은 올여름에 비가 많이 왔다고 인정합니다.

Mais certains jours ils(S) ont réussi(VPC) à passer(Vinf) entre les gouttes.

■réussir(v. t. et i.) avoir un bon résultat. 성공하다. ■goutte(n. f.) petite partie d'un liquide détachée du reste. 방울. ■동사구 passer entre les gouttes '비를 피하다(=힘든 상황을 이겨내다).'

그러나 상인들은 (올여름 중) 며칠은 "빗방울 사이로 지나가"는 데 성공했다고 (말)합니다.

-"Par exemple, le 15 août, il(SI) faisait(VIMF) très (AS)mauvais. Nous(S) avons ouvert(VPC). Sous les parapluies, les gens(S) pique-niquaient(VIMF) et étaient(VIMF) très heureux(AS).

■(참고) temps maussade/gris↔temps agréable/ensoleillé.

"예를 들어 (지난) 8월 15일에는 날씨가 매우 나빴었습니다. (하지만) 우린 (가게를) 열었죠. 사람들은 (비가 오는 데도) 우산 속에서 피크닉을 했고 매우 즐거워했답니다."

Pas(N) de chiffre officiel de la fréquentation pour cette édition mais (S)la mairie (V)annonce que certaines activités(S) comme la pétanque ont séduit(VPC) (COD)plus de monde que l'année dernière.

■동사 주어 생략[Il n'y a pas de chiffre officiel de la fréquentation pour cette édition de Paris-plages]. ■officiel(a.) déclaré, établi par l'autorité publique. 공식적인. ↔officieux(a.) non officielle. 비공식적인. ■fréquentation(n. f.) action de fréquenter, personne que l'on fréquente. (빈번한) 방문(자). ■pétanque(n. f.) jeu de boules. 페탕크 놀이. ■ séduire(v. t.) plaire, charmer. 매혹시키다. ■우등비교 [plus… que…].

올해 파리-해변 행사의 공식적인 방문객 수의 집계는 없었습니다. 하지만 파리 시청은 페탕크(공굴리기)와 같은 활동이 작년보다 더 많은 사람들을 유혹했다고 발표했습니다.

Dès ce soir, boulodromes et parasols(S) retrouvent(V) (COD)leurs quartiers d'hiver.

■dès(prép.) depuis, à partir de. (시간) ~부터(바로, 곧, 이미), ~하자마자. ■boulodrome(n. m.) terrain où l'on pratique le jeu de boules. 공굴리기 터. ■retrouver(v. t.) trouver de nouveau, rejoindre. 다시 찾다, (어떤 장소로) 돌아오다.

오늘 저녁부터 공굴리기 터와 파라솔은 동계 숙영지(창고)로 돌아갈 것입니다.

Les quais de Seine(S) ne réouvriront(VFS) que mercredi, (COI)aux voitures cette fois.

■강조 구문[**ne⋯que**]=[Seulement mercredi les quais de Seine réouvriront, cette fois, aux voitures.]

센 강변길은 수요일(에나) 다시 열릴 예정이며 이번에는 자동차의 차지가 될 것입니다.

나. 작문 연습 및 심화 학습

1. 우체국을 민영화시키는 것은 있을 수 없다.
   ■pas question

2. 물가가 너무 비싸다. 어떻게 이 상황을 극복할 수 있을까?
   ■s'en sortir

3. 여성들은 남성들보다 더 추위를 많이 탄다.
   ■être frileux

4. 바이애슬론은 사부아 지방에서 겨울 야영지를 잡는다.
   ■quartiers d'hiver (Biathlon, Savoie)

5. 불법이민자들은 새벽 1시부터 보비니 경찰국 앞에 줄을 선다.
   ■faire la queue (Bobigny)

6. 주최자 측은 2010년 행사의 입장자 (누적)수에 대한 공식 발표를 아직 하지 않았다.
   ■chiffres de fréquentation (édition 2010)

7. 극빈자(가장 가난한 사람들)에게는 민영화된 수도 공급자의 요금이 과도하게 높다.
   ■최상급 (fournisseurs d'eau privés)

8. 살인 미수에 이르는 데는 거의 아무것도 필요하지 않았다.
   ■il suffir de (tentative d'assassinat)

9. 내 프랑스어 실력은 DELF 시험에 합격하는 데 충분할까?
   ■être suffisant

10. 매일 5회 기도 의례를 지키면서 월드컵의 작은 조각이라도 잃지 않는

방법-사우디아라비아의 월드컵 특집 "이동식 회교 사원."

■perdre une miette (Mondial, Arabie Saoudite)

11. 문을 닫는 것을 잊어 버리셨나 봐요.

■단순미래

12. 그녀는 계속 기분이 나쁘다.

■maussade (humeur)

13. 괄호 안의 동사를 제롱디프(gérondif) 형태로 고친 후 각 문장을
한국어로 바꿔봅시다.

■두 문장의 주어가 일치하는 복문의 경우 두 동사의 동시성을 나타내기 위해
제롱디프[en+현재분사]를 사용하여 단문 구조로 변화시킬 수 있습니다. 기본적인
의미인 동시성 외에도 방법, 이유 등을 나타내기도 하며 부사 tout의 수식에 의해
강조되기도 합니다.

(1) En (confronter) _____ les différents témoignages, la police établira
une liste de suspects.

(2) L'inspecteur pourra obtenir des informations complémentaires en (interroger)
_____ les témoins.

(3) La police a trouvé une photo en (fouiller) _____ dans le sac de la
victime.

(4) Margot a eu des doutes sur la mort de sa sœur en (lire) _____ une
lettre de celle-ci.

(5) La victime perdait beaucoup d'argent en (jouer) _____ au casino.

(6) Le père de la victime répond aux questions de l'inspecteur tout en (s'excuser)
_____ de ne pouvoir lui fournir suffisamment de détails sur les amis
de sa fille.

(7) Les journalistes avaient parlé d'un meurtre tout en (ne pas exclure)
_____ le suicide.

(8) Madame Dejeu, la mère de la victime, regardait des photos de sa fille décédée
en (pleurer) _____.

(9) Les parents de Bernadette discutent en (attendre) _____ l'arrivée de
leurs autres enfants.

(10) La victime a menti à sa famille en (ne pas lui dire) _____ qu'elle
s'était mariée.

(11) Le criminel a abandonné le corps en (enlever) _____ ses
chaussures à la victime.

(12) Les parents ont appris la nouvelle en (lire) _____ le journal.

(13) En (regarder) _____ dans le sac à main, l'inspecteur a trouvé une
note d'hôtel.

(14) Les parents aideront Roger Duflair en (répondre) _____ à ses
questions.

(15) En (rencontrer) _____ le meurtrier toute seule, la jeune femme a
été assassinée.

(16) La police a des soupçons tout en (ignorer) _____ l'identité du
coupable.

Le tramway en marche à Paris

4. Le tramway en marche à Paris

1937년 운행을 끝으로 사라진 파리의 전차가 부활되었다는 기사
(2006-12-15 www.lexpress.fr)

Ce week-end est inauguré le nouveau tramway parcourant les boulevards parisiens des Maréchaux. Trois ans après le début des travaux, le T3 suscite toujours de vives réactions parmi élus, riverains et automobilistes. Trois ans de travaux et quelque 311,5 millions d'euros ont été nécessaires pour enfin voir fonctionner le nouveau tramway.

Le T3 reliera les trois arrondissements du sud de Paris, du Pont de Garigliano (XVe) à la Porte d'Ivry (XIIIe). 100,000 voyageurs pourront l'emprunter au quotidien, soit le double des habitués du bus PC 1 sur le même parcours. La nouvelle ligne a également été l'occasion d'un projet artistique mettant en scène 9 oeuvres le long de son parcours.

La construction, lancée à l'été 2003, a été le plus important chantier à Paris depuis le périphérique inauguré en 1973. Le tracé du tram et les coûts engendrés avaient suscité un vif débat ainsi que d'importants embouteillages.

Le T3, dont les maîtres d'ouvrage sont la RATP et Paris, a été financé à 30% par la ville, 27,5% la RATP, 26% la région Ile-de-France et 16,5% l'Etat.

"Un moyen de transport moderne, écologique, efficace pour ce XXIe siècle", aux yeux du maire PS de Paris Bertrand Delanoë, à l'initiative de cette "nouvelle aventure urbaine." Un "gaspillage massif" et un "projet rétrograde", pour la Fédération française des automobile-clubs et des usagers de la route.

Le tramway provoque encore le débat, voire le boycott : les élus UMP ont décidé de ne pas assister à l'inauguration de samedi, "non pas parce qu'ils sont contre le tramway, mais parce que ce n'est pas celui là qu'il fallait faire", a précisé le conseiller municipal UMP Philippe Goujon. Ce tramway "n'est pas la priorité aujourd'hui à Paris en matière de transports en commun", a-t-il insisté.

Même les agents RATP ont fait part de leur mécontentement, puisque le syndicat CGT a déposé un préavis de grève de 72 heures "sur l'ensemble du réseau bus" à l'heure de l'inauguration du T3, pour protester contre le "manque de moyens et d'effectifs" sur la nouvelle offre de transport. Reste à attendre le verdict des usagers!

가. 문장 분석 및 어휘 연구

■(Ant)선행사, (AO)목적어속사, (AS)주어속사, (CAG)동작주보어, (COD)직접목적보어, (COI)간접목적보어, (N)부정, (PI)의문대명사, (PR)관계대명사, (S)주어, (SI)비인칭주어, (V)동사, (Vaux)조동사, (Vcond)조건법, (VFA)전미래, (VFP)근접미래, (VFS)단순미래, (Vgér)제롱디프, (VIMP)반과거, (Vimpé)명령법, (Vinf)동사원형, (Vpas)수동태, (VPC)복합과거, (Vpp)과거분사, (Vppr)현재분사, (VPQP)대과거, (Vsubj)접속법.

Ce week-end <u>est inauguré</u>(Vpas) <u>le nouveau tramway</u>(S) <u>parcourant</u>(Vppr) (COD)<u>les boulevards parisiens des Maréchaux</u>.

■inaugurer(v. t.) ouvrir au public d'une manière solennelle. 개막식을 하다. ■parcourir(v. t.) aller d'un bout à l'autre. 거치다. ■현재분사구의 수식을 받는 주어[le nouveau tramway parcourant les boulevards parisiens des Maréchaux]가 길기 때문에 동사와 도치된 어순.

파리의 마레쇼 대로를 가로지르는 새로운 전차는 이번 주말에 개통했다.

Trois ans après le début des travaux, le T3(S) suscite(V) toujours (COD)de vives réactions parmi élus, riverains et automobilistes.

■susciter(v. t.) faire paraître, provoquer. 불러일으키다. ■[de+형용사 복수형+명사 복수형]: [de vives réactions]. ■vif(a.) ardent, violent. 격렬한. ■élu(a. et n. c.) choisi par élection. 당선자. ■riverain(a. et n. c.) qui habite, qui est situé le long d'une rivière. (강·도로 따위의) 연변의 (주민).

공사를 시작한 지 삼 년 만에 완성된 (전차) T3는 (파리시) 의원과 (파리) 시민 그리고 (자가용) 운전자들 사이에서 여전히 뜨거운 반응을 일으키고 있다.

Trois ans de travaux et quelque 311,5 millions d'euros(S) ont été(VPC) (AS)nécessaires pour enfin voir(Vinf) fonctionner(Vinf) (COD)le nouveau tramway.

■travail(n. m.) (복수) 공사, Ralentir, travaux! 서행, 공사 중. ■million(n. m.) mille fois mille. 백만. cent millions 1억. ■fonctionner(v. i.) remplir sa fonction, agir, marcher. 작동하다, 움직이다.

이 새로운 (파리의) 전차가 작동하는 것을 보기 위해서 삼 년의 공사와 삼억(일)천백오십만 유로(의 경비)가 필요했다.

Le T3(S) (VFS)reliera (COD)les trois arrondissements du sud de Paris, du Pont de Garigliano (XVe) à la Porte d'Ivry (XIIIe).

■arrondissement(n. m.) circonscription administrative. (프랑스) 시(市)의 구(區), 군(郡). 서수형용사와 함께 사용 (XVe=quinzième arrondissement). ■[de… à…] ~부터

~까지.

(전차) T3는 15구의 퐁드가리길리아노에서 13구의 포르티브리까지 파리 남부의 세 개 구를 연결하는 경로로 운행될 것이다.

<u>100,000 voyageurs</u>(S) (Vaux)<u>pourront</u>(VFS) (COD)<u>l'emprunter</u>(Vinf) au quotidien, soit le double des habitués du bus PC 1 sur le même parcours.

■**emprunter**(v. t.) employer, se servir de. 차용하다. ■**au quotidien**=tous les jours 매일. ■**soit**(conj.) à savoir, c'est-à-dire. 즉, 다시 말해. ■**habitué**(n.) personne qui va ordinairement dans un lieu. 상용하는 사람.

동일한 노선에서 PC 1 버스(를 이용하는) 승객의 두 배에 해당하는 십만 명의 승객이 매일 이 전차를 이용할 것으로 예상하고 있다.

<u>La nouvelle ligne</u>(S) (Vaux)<u>a</u> également (VPC)<u>été</u> (AS)<u>l'occasion</u> <u>d'un projet artistique</u> (Vppr)<u>mettant</u> en scène <u>9 oeuvres</u>(COD) le long de son parcours.

■현재분사구[mettant en scène 9 oeuvres le long de son parcours]는 전치 명사[l'occasion…] 수식. ■동사구 **mettre en scène** '상연하다, 등장시키다.' ■(tout) **le long de** '~을 따라서.'

또한 이 새로운 T3 전차는 노선 주변에 9개의 작품을 설치하는 예술 프로젝트의 기회로도 활용되었다.

La construction(S), lancée à l'été 2003, (VPC)a été (AS)le plus important chantier à Paris depuis le périphérique inauguré en 1973.

■périphérique(a. et n. m.) le boulevard périphérique, qui fait le tour d'une grande ville. (도시 따위의) 외곽의, 주변의. (파리의) 외곽 순환도로. [약] périf, périph.

2003년 여름 시작된 (T3 전차의) 공사는 파리에서 1973년 개통되었던 파리 외관순환 도로(공사) 이후로 가장 컸던 공사였다.

Le tracé du tram et les coûts engendrés(S) (VPQP)avaient suscité (COD)un vif débat ainsi que (COD)d'importants embouteillages.

■tracé(n. m.) représentation des des lignes d'un plan. 노선. ■engendrer(v. t.) causer, donner lieu à. (결과를) 낳다, 야기하다. ■ainsi que(=et). 그리고. ■débat(n. m.) désaccord, discussion, contestation. 토론, 언쟁. ■embouteillage(n. m.) encombrement sur la voie publique. bouchon. (교통·통신의) 혼잡. ■[de+형용사 복수형+명사 복수형]: [d'importants embouteillages.]

T3 전차의 노선과 비용 문제는 뜨거운 논란과 심각한 교통체증을 일으켰다.

(S)Le T3(Ant), (PR)dont les maîtres d'ouvrage(S) sont(V) (AS)la RATP et Paris, (VPC)a été financé(Vpas) à 30% (CAG)par la ville, 27,5% la RATP, 26% la région Ile-de-France et 16,5% l'Etat.

■수동태문장[Le T3 a été financé]과 주어를 수식하는 종속절[dont les maîtres d'ouvrage…Paris] 그리고 상황보어구[à 30% par la ville, …l'Etat]의 구조. ■종속절[les maîtres d'ouvrage (du T3) sont la RATP et Paris]의 생략된 소유격(du T3)을 나타내는 관계대명사dont의 선행사는 전치 주어 Le T3이다. ■ouvrage(n. m.) fortification, construction. 건설, 공사. ■반복되는 전치사 à와 par 생략: [à 27.5% par la RATP, à 26% par la région Ile-de-France et à 16,5% par l'Etat.]

> 파리교통공사(RAPT)와 파리시가 관장한 (전차) T3의 (공사) 비용은 파리시에서 (전체 공사비용의) 30%를 부담했고 파리교통공사에서 27.5%를 일드프랑스에서 26%를 그리고 프랑스 정부에서 16.5%를 지원했다.

"Un moyen de transport moderne, écologique, efficace pour ce XXIe siècle", aux yeux du maire PS de Paris Bertrand Delanoë, à l'initiative de cette "nouvelle aventure urbaine."

■지시사 생략[C'est un moyen de transport…]. ■전치사구 aux yeux de '(~의) 견해로는.' ■PS [약] Parti socialiste 사회당(parti politique français). ■전치사구 à l'initiative de '(~의) 제안에 따라.'

> 이 "새로운 도시적 모험"을 제안한 사회당 소속 파리 시장 베르트렁 드라노에의 의견으로는 "(전차 T3는) 21세기에 적합한 새롭고 효과적이며 친환경적인 교통수단"이다.

Un "gaspillage massif" et un "projet rétrograde", pour la Fédération française des automobile-clubs et des usagers de la route.

■지시사 생략[C'est un moyen de transport…]. ■gaspillage(n. m.) dépense inutile. 낭비. ■rétrograde(a.) qui va en arrière. 역행의, 퇴보의.

(하지만) 자가용 운전자 클럽과 도로 이용자를 위한 프랑스 협회는 (전차 T3가) "엄청난 낭비"이며 "구시대적 계획"이라고 평가한다.

Le tramway_(S) provoque_(V) encore _(COD)le débat, voire _(COD)le boycott : les élus UMP_(S) ont décidé_(VPC) de _(N)ne pas _(Vinf)assister _(COI)à l'inauguration de samedi, "non pas_(N) parce qu'ils_(S) sont_(V) _(AS)contre le tramway, mais parce que ce_(SI) _(N)n'est_(V) pas_(N) _(AS)celui_(Ant) là _(PR)qu'il_(SI) _(VIMF)fallait _(Vinf)faire", a précisé_(VPC) le conseiller municipal UMP Philippe Goujon_(S).

■boycott(n. m.) interruption volontaire des relations de tous ordres. ■구문[non pas A mais B] 'A가 아니라 B이다.' ■강조구문[ce… que…]의 변형 [ce n'est pas celui là que…]. ■UMP [약] Union pour un mouvement populaire. 대중운동연합(당). (parti politique français).

전차는 여전히 토론을 불러일으키고 있으며 보이콧의 원인이 되기도 한다. 대중운동연합 정당 소속 위원들은 토요일 전차 개통식에 불참하기로 결의했다. "그들(대중운동연합 정당 소속 위원들)은 전차에 반대하기 때문이 아니다. (토요일 전차 개통식에 불참하기로 결의한 이유는) (전차가 파리에) 필요한 것이 아니기 때문이다"(라고) 대중운동연합 정당 소속 시의원 필립 구종은 밝혔다.

Ce tramway_(S) "_(N)n'est_(V) pas_(N) _(AS)la priorité aujourd'hui à Paris en matière de transports en commun", _(Vaux)a-t-il_(S) insisté_(VPC).

■priorité(n. f.) fait de devoir passer avant tous les autres. 가장 중요한 것, 당면 과제. ■en matière de+(무관사)명사 '~분야에서.' ■en commun 공동의, 공동으로.

> "전차는 오늘날 파리에서 대중교통 수단으로 우선순위가 아니다."(라고) 그(필립 구종)는 강조했다.

Même les agents RATP(S) ont fait(VPC) (COD)part (COI)de leur mécontentement, puisque le syndicat CGT(S) (VPC)a déposé (COD)un préavis de grève de 72 heures "sur l'ensemble du réseau bus" à l'heure de l'inauguration du T3, pour protester(Vinf) contre le "manque de moyens et d'effectifs" sur la nouvelle offre de transport.

■주절[Même les agents RATP…leur mécontentement]과 이유 종속절[puisque…]의 구조. ■동사구 **faire part**(à qn.) **de** qc. '(~에게) ~을 알리다.' ■CGT(Confédération générale du travail) 노동총동맹. ■동사구 **déposer un préavis de grève** '파업을 예고하다.' ■**manque de**(=faute de). (~의) 부족/결핍. ■**effectif**(n. m.) nombre des soldats d'un groupe. (집단의) 실제 인원.

> 심지어 파리교통공사의 직원들도 반대 의견을 표명했다. 노동총동맹이 모든 버스 노선에 걸쳐 T3 전차 개통 시간에 맞춰서 (시행될) 파업을 72시간 앞서 통보했다. 이 파업은 새롭게 제공된 교통수단인 전차의 지원 부족과 인력 부족문제를 알리기 위해서이다.

Reste(V) à attendre(Vinf) (COD)le verdict des usagers!

■[rester à+동사원형] '(~이) 할 일로 남다, ~할 필요가 있다.' (예: Tout reste à faire.) ■비인칭주어 생략[Il reste à attendre le verdict des usagers]. ■**verdict**(n. m.) jugement. 심판, 판결.

> (이젠 T3 전차) 이용객들의 평가만 남았다!

나. 작문 연습 및 심화 학습

1. 넬슨 만델라의 죽음을 등장시킨 그림을 둘러싼 논쟁.
   ▪mettre en scène (Nelson Mandela)

2. (매우 유감스럽게도) 뒤부아 부인께서 작고하셨음을 알려 드립니다.
   ▪faire part (décès de Mme Dubois)

3. 일부 개선에도 불구하고 많은 발전이 필요하다.
   ▪rester à (progrès)

4. 프랑스철도청의 노동조합이 파업을 예고했다.
   ▪préavis de grève

5. 두 여인이 이 인본주의적이고 창조적인 모험의 창설자이다.
   ▪à l'initiative

6. 보안부서의 자금과 인력 부족이 국경 지역의 범죄자들에게 호기를
   제공한다.
   ▪manque de (malfaiteurs trans-frontaliers)

7. 경제 발전이 우리의 급선무이다.
   ▪priorité

8. 이 표는 몬트리올의 크리스털 성의 낙성식에 참가하는 기회를 준다.
   ▪occasion de (palais de Cristal de Montréal)

9. (아이티의 피해를) 보수하는 것이 아니라 '새로운 아이티를 만드는 것'이
   필요하다.
   ▪Non pas…mais plutôt (Haïti)

10. 그녀는 기차 타고 가는 동안 내내 잤다.
    ▪(tout) le long de

11. 기사문과 뉴스에도 자주 사용되는 프랑스어의 구어적 표현(expression familière)을 배워 봅시다. 다음 구어적 표현과 이에 상응하는 일반적 표현을 연결해 보세요. (예: Pour moi, c'est du chinois=Je ne comprends pas.)

(1) Prendre le large   ■ S'en aller

(2) Mettre les points sur les i   ■ Se faire réprimé

(3) Se faire remonter les bretelles   ■ Epargner de l'argent

(4) Faire un carton   ■ Etre ivre

(5) Faire un bide   ■ Avoir un frac succès

(6) Dire ses quatres vérités   ■ Parler franchement

(7) Mettre de l'argent de côté   ■ Ne pas avoir du succès

(8) Jeter de l'argent par les fenêtres   ■ Eclaircir une situation

(9) Prendre une cuite   ■ Gaspiller son argent

12. 다음 구어적 표현과 동일한 의미의 일반적 표현을 찾아 짝을 지어 보세요. (예: Fumer comme un pompier=Fumer beaucoup)

(1) Tomber des nues   ■ Tomber amoureux

(2) Recevoir un coup de foudre   ■ Rire

(3) Appuyer sur le champignon   ■ Avoir du succès

(4) Se prendre une saucée   ■ Accélérer beaucoup

(5) Faire un tabac d'enfer   ■ Ne pas avoir de chance

(6) Etre fauché   ■ Etre trempé par une averse

(7) Etre plié en deux   ■ Etre où il faut au bon moment

(8) Ne pas avoir de pot   ■ Ne pas avoir d'argent

(9) Tomber à pic   ■ Etre étonné

leçon 5

L'homme du jour

5. L'homme du jour

바칼로레아 시험에서 최고점 기록을 세운 학생에 대한 텔레비전 뉴스
(2008-8-29 www.m6.fr)

Pour terminer ce six minutes, je vous propose de retrouver un jeune homme _____ nous avions beaucoup parlé au moment des résultats du bac.

Victor avait obtenu un incroyable _____ de moyenne _____ à ses options. Et il confiait à l'époque "vouloir devenir neurochirurgien."

Un médecin l'a pris au mot et il lui a proposé de _____ une journée à l'hôpital. (Sarah Izat et Grégory Lafont.)

Il a son casier, sa blouse et il connaît les gestes. A dix-huit ans, Victor se glisse dans la _____ d'un neurochirurgien sur le _____ d'opérer la colonne vertébrale d'un patient. Cela ne l'_____ même pas. La peur du sang, connaît pas.

-"Ça donne une petite impression de (···), une petite fierté, (et) puis une petite impression de quelque part déjà commencer à se préparer à la chirurgie."

-"On a un produit, qui est un produit alcoolisé···"

Victor le sait depuis longtemps, il veut être chirurgien. _____ , il disséquait mouches et grenouilles avec le plus grand sérieux.

-"Il est vachement dûr de faire une bonne _____ d'une grenouille, et de la conserver vivante."

Et quand il décroche son bac début juillet en _____ tous les records, il précise "Je veux être neurochirurgien." Une déclaration _____ lui ouvre les portes du bloc opératoire, invité de luxe de professeurs confirmés et impressionnés.

-"Vous avez eu _____ , vous, au bac?"
-"J'ai eu une _____ assez bien, je crois."

Une fois au bloc, le petit génie n'en perd pas _____ : observation, question, à aucun moment il ne s'est évanoui. Il a supporté le sang et la tension de l'opération. Le _____ a été apprécié.

-"C'était vraiment génial, intéressant. J'ai vu vraiment ce que c'était la neurochirurgie (quoi). C'était vraiment super!"
-"J'ai senti beaucoup de concentration, en tout cas, vraiment beaucoup d'écoute. On a l'impression qu'il avait vraiment envie de _____ tout ce qui s'est passé dans ce bloc opératoire."

Bien sûr, Victor s'est inscrit en fac de _____ à Lille et (il) s'arme de _____. La neurochirurgie est une _____ mythique. Mais pour y arriver Victor a _____ ans d'études de plus.

가. 문장 분석 및 어휘 연구

■(Ant)선행사, (AO)목적어속사, (AS)주어속사, (CAG)동작주보어, (COD)직접목적보어, (COI)간접목적보어, (N)부정, (PI)의문대명사, (PR)관계대명사, (S)주어, (SI)비인칭주어, (V)동사, (Vaux)조동사, (Vcond)조건법, (VFA)전미래, (VFP)근접미래, (VFS)단순미래, (Vgér)제롱디프, (VIMP)반과거, (Vimpé)명령법, (Vinf)동사원형, (Vpas)수동태, (VPC)복합과거, (Vpp)과거분사, (Vppr)현재분사, (VPQP)대과거, (Vsubj)접속법.

Pour (Vinf)terminer (COD)ce six minutes, je(S) (COI)vous propose(V) de (Vinf)retrouver (COD)un jeune homme(Ant) (PR)dont nous(S) (Vaux)avions beaucoup parlé(VPQP) au moment des résultats du bac.

■[ce six minutes]=[le journal télévisé de six minutes]. ■bac.=baccalauréat(n. m.) premier grade universitaire sanctionnant les études secondaires. 대학입학 자격(시험).

이 6분 뉴스를 끝내기 위해(=마지막 뉴스로) 바칼로레아 결과가 나왔던 시기에 우리가 많이 이야기했었던 청년을 다시 찾아보기로 하겠습니다.

Victor(S) avait obtenu(VPQP) (COD)un incroyable 20,23 de moyenne grâce à ses options. Et il(S) confiait(VIMF) à l'époque "(Vaux)vouloir(Vinf) (Vinf)devenir (AS)neurochirurgien."

■moyenne(n. f.) nombre de points égal à la moitié de la note maximale. 평균. ■confier(v. t. et pron.) faire part de. 털어놓다. ■neurochirurgien(n. m.) chirurgien qui pratique la neurochirurgie. 신경외과의.

빅토르는 선택 과목(가산점 덕분)으로 믿을 수 없는 점수인 평균 20.23점을 얻었었습니다. 그는 바칼로레아 결과가 나왔던 시기에 신경외과 의사가 되고 싶다고 털어놨었습니다.

Un médecin(S) (COD)l'a pris(VPC) (COI)au mot et il(S) (COI)lui a proposé(VPC) de (Vinf)passer (COD)une journée à l'hôpital. (Sarah Izat et Grégory Lafont.)

■동사구 prendre qn au mot '(~의) 말을 곧이듣다.' ■[Un médecin a cru la confession ("vouloir devenir neurochirurgien") de Victor.]

한 의사가 그의 말을 곧이들었습니다. 그 의사는 빅토르에게 병원에서 (신경외과 의사 일일체험을 위해) 하루를 보내자고 제안했습니다. 사라 이자와 그레고리 라퐁 기자의 취재입니다.

Il(S) a(V) (COD)son casier, (COD)sa blouse et il(S) connaît(V) (COD)les gestes.

■casier(n. m.) assemblage de plusieurs cases. 여러 칸이 있는 가구. ■blouse(n. f.) vêtement que l'on met par-dessus les autres. 작업복.

빅토르는 (신경외과 의사의) 사물함도 배정받았고 수술복도 입었습니다. 그리고 그는 (신경외과 의사의) 행동 요령도 알고 있습니다.

A dix-huit ans, Victor(S) se glisse(V) dans la peau d'un neurochirurgien sur le point d'opérer(Vinf) (COD)la colonne vertébrale d'un patient.

■동사구 se glisser dans la peau(de qn.) '(~의) 역할을 해보다.' ■동사구 être sur le point(de+동사원형) '막 ~하려고 하다.' ■[Victor se glisse dans la peau d'un neurochirurgien qui est sur le point d'opérer la colonne vertébrale d'un patient.]

18세의 빅토르는 한 환자의 척추를 수술하려는 신경외과 의사의 역할에 도전합니다.

Cela(SI) (N)ne (COD)l'impressionne(V) même (N)pas. (COD)La peur du sang, connaît(V) (N)pas.

■**impressionner**(v. t.) émouvoir, toucher. 깊은 인상을 주다. ■**sang**(n. m.) une substance fluide qui circule dans les artères et les veines du corps. 피, 혈액. types de sang 혈액형. ■[Victor ne connaît pas la peur du sang.]

이것(경험)은 그에게 깊은 인상을 주지도 않습니다(=별일이 아닌 듯 침착하게 대응합니다). 그는 피에 대한 두려움도 모릅니다.

-"Ça(SI) donne(V) (COD)une petite impression de (…), une petite fierté, (et) puis une petite impression de quelque part déjà commencer(Vinf) à se préparer(Vinf) à la chirurgie."
-"On(S) a(V) (COD)un produit(ANT), (PR)qui est(V) un produit alcoolisé….

■[donner l'impression de qc/inf] ~라는 느낌을 주다. ■**alcoolisé**(a.) 알코올이 함유된. ■**alcooliser**(v. t.) mettre de l'alcool dans un liquide, convertir en alcool. 알코올화하다, 알코올을 섞다.

-"(이 일일체험은) 제게 약간의 자긍심과 외과(전공) 준비를 이미 시작한다는 인상을 주더군요."
-"(우린) 여기 알코올 성분의 제품이 있는데…."

Victor(S) (COD)le sait(V) depuis longtemps : il(S) (Vaux)veut (Vinf)être (AS)chirurgien.

■**chirurgien**(n.) personne qui exerce la chirurgie. 외과의사. ■**chirurgie**(n. f.) partie de la thérapeutique qui consiste à faire des opérations avec la main et divers instruments. 외과. ■ [Victor sait depuis longtemps qu'il veut être chirurgien.]

빅토르는 오래전부터 (자신이) 외과 의사가 되고 싶다는 것을 알고 있었습니다.

Enfant, il(S) (VIMF)disséquait (COD)mouches et grenouilles avec le plus grand sérieux.

■문두에 위치한 주어속사 enfant는 시간종속절[Quand il était enfant]을 대신하며 반과거시제[disséquait]는 Victor가 과거에 반복적으로 해부를 했다는 것을 나타낸다. ■disséquer(v. t.) diviser les parties pour en étudier la structure. 해부하다. ■sérieux(n. m.) importance, conscience. 진지함, 신중함.

어렸을 적, 빅토르는 매우 진지하게 파리와 개구리들을 해부하곤 했습니다.

-"Il(SI) est(V) vachement (AS)dûr de (Vinf)faire (COD)une bonne dissection d'une grenouille, et de (COD)la (Vinf)conserver (AO)vivante."

■빅토르의 인터뷰. ■비인칭구문 il est dûr(de+동사원형) '~하는 것은 힘들다.' ■vachement(ad.) beaucoup, très. 매우, 몹시. ■dissection(n. m.) fait de disséquer. 해부. ■[Il est vachement dûr de conserver la grenouille vivante.]

"개구리를 살아있는 채로 보존하면서 잘 해부하는 것은 정말 어려워요."

Et quand il(S) décroche(V) (COD)son bac début juillet (Vgér)en battant (COD)tous les records, il(S) précise(V): "Je(S) (Vaux)veux (Vinf)être (AS)neurochirurgien."

■décrocher(v. t.) gagner, remporter. 획득하다. ■동사구 battre les records '기록을 깨다.'

그가 7월 초 모든 (과거) 기록을 경신하면서 바칼로레아를 거머쥐었을 때 빅토르는 "나는 신경외과 의사가 되고 싶습니다"라고 밝혔습니다.

Une déclaration(Ant) (PR)qui (COI)lui ouvre(V) (COD)les portes du bloc opératoire, invité de luxe de professeurs confirmés et impressionnés.

■luxe(n. m.) magnificence, richesse, excès. 사치, 호사. de luxe=값비싼, 특별한(cabine de luxe '특등실'). ■[invité de luxe] 자격(en tant que)을 나타낸다. ■confirmé(a.) certifié, reconnu. 검증된, 자격을 획득한.

이 선언은 빅토르에게 수술실의 문을 열어주었습니다. (그에게) 감명을 받은 경험 많은 교수들에게 특별한 손님으로 초대받은 것입니다.

-"Vous(S) avez eu(VPC) combien, vous, au bac?"
-"(S)J'ai eu(VPC) (COD)une mention assez bien, je(S) crois(V)."

■mention(n. f.) (시험 따위의) 평점. ■très bien 매우 우수, bien 우수, assez bien 양호, passable 보통(20점 만점의 시험에서 très bien은 18~20점, bien은 15~17점, assez bien은 12~14점, passable은 10~11점에 상당).

-"선생님께서는 바칼로레아 시험에서 몇 점을 받으셨나요?"
-"전 '양호' 점수를 받았지요. 아마도."

Une fois au bloc, le petit génie(S) (N)n'en(COD) perd(V) (N)pas (AO)une miette : observation, question, à (N)aucun moment il(S) (N)ne s'est évanoui(VPC).

■s'évanouir(v. pron.) perdre connaissance(=tomber dans les pommes). 기절하다. ■동사구 [ne pas perdre une miette] '작은 것 하나도 놓치지 않다.' ■부분 부정(문장의 전체가 아닌 한 요소만 부정) personne, rien 등의 한정사가 쓰이고 동사에는 부정의 ne만 붙이고 pas는 사용되지 않는다.

일단 수술실에 들어가자, 이 작은 천재는 한순간도 놓치지 않기 위해 집중했습니다. (그는) 관찰하고, 질문했습니다. 어떠한 순간에도 그는 기절하지 않았습니다.

Il(S) a supporté(VPC) (COD)le sang et la tension de l'opération. Le cadeau(S) (VPC)a été apprécié(Vpas).

■supporter(v. t.) tolérer, endurer. 견디어내다. ■apprécier(v. t.) estimer la valeur d'une chose. 고맙게 생각하다.

빅토르는 피와 수술의 긴장을 잘 견뎌냈습니다. 그는 이 선물(=신경외과 의사 체험)을 기꺼이 즐겼습니다.

-"(SI)C'était(VIMF) vraiment (AS)génial, (AS)intéressant. (S)J'ai vu(VPC) vraiment (COD)ce(Ant) (PR)que (SI)c'était(VIMF) (AS)la neurochirurgie (quoi). (SI)C'était(VIMF) vraiment (AS)super!"

■빅토르의 인터뷰. ■génial(a.) formidable, super [fam], extra [fam]. 훌륭한. ■중성대명사 ce를 선행사로 가지는 목적격 관계대명사 que와 같이 쓰인 강조 형태[ce que c'était…]. ■감탄사 quoi는 특별한 의미 없이 덧붙이는 구어적 표현.

"정말로 놀랍고 흥미진진했습니다. 저는 신경외과가 어떠한 것인지 생생하게 보았어요. 정말 대단했어요."

-(S)J'ai senti(VPC) (COD)beaucoup de concentration, en tout cas, vraiment (COD)beaucoup d'écoute.

■수술을 집도한 의사의 인터뷰. ■concentration(n. f.) attention. 집중. ■부사구 en tout cas '어쨌든, 하여튼.' ■écoute(n. f.) 청취. ■[J'ai senti beaucoup de concentration chez lui.] ■[J'ai senti vraiment beaucoup d'écoute (de la part de Victor.)]

"나는 많은 집중을 느꼈고(=빅토르가 열심히 집중한다고 느꼈습니다.) (그가) 정말 몰입한다는 것을 알 수 있었습니다."

On(S) a(V) (COD)l'impression qu'il(S) avait(VIMF) vraiment (COD)l'envie de (Vinf)capter tout (COD)ce(Ant) qui(PR) s'est passé(VPC) dans ce bloc opératoire.

■동사구 avoir l'impression '인상을 받다.' ■동사구 avoir envie de '~하고 싶다.' ■capter(v. t.) obtenir par insinuation ou adresse. 얻다. ■중성대명사 ce를 선행사로 가지는 관계대명사 복합형[ce qui…]과 부사 tout도 선행사를 강조하는 기능.

"우리는 그가 진심으로 이 수술실에서 일어나는 모든 일을 감지하고 싶어 한다는 인상을 받았습니다."

Bien sûr, Victor(S) s'est inscrit(VPC) en fac de médecine à Lille et (il)(S) s'arme(V) (COI)de patience.

■s'inscrire(v. t. et pron.) consigner sur un registre, sur une liste. 등록하다. ■fac(n. f.) abréviation de faculté (établissement d'enseignement supérieur). 대학 단대. ■s'armer de(v. t. et pron.) munir d'armes. '~으로 마음을 가다듬다/무장하다.'

당연히, 빅토르는 릴에 있는 의과대학에 등록했습니다. (그리고) 그는 (스스로를) 인내로 무장했습니다.

La neurochirurgie(S) est(V) (AS)une spécialité mythique.
Mais pour y (Vinf)arriver, Victor(S) a(V) (COD)14 ans d'études de
plus.

■**mythique**(a.) qui a rapport aux mythes. fabuleux, légendaire, idéal. 신화적인,
전설적인. ■**mythe**(n. m.) légende. 신화, 전설. mythes cosmogoniques 창세신화.
■[Victor a encore 14 ans d'études pour devenir neurochirurgien.]

신경외과는 전설적인 전공분야입니다. (그러나) 거기에 도착하기 위해서(=신경외과
의사가 되기 위해서) 빅토르는 14년 이상의 공부를 더 해야 합니다.

나. 작문 연습 및 심화 학습

1. 어떤 운동선수와 하루를 보내고 싶으신가요?
   ■passer une journée
2. 모든 사람들은 (이미) 생명과 이 행성(지구)을 구하는 방법을 안다.
   ■connaître les gestes
3. "그의 말이 진지하게 받아들여졌다."-니콜라 사르코지가 레위니옹(섬)
   농업부의 요구를 인정했다.
   ■prendre qn au mot (chambre d'agriculture réunionnaise)
4. 내 생각으로는 이 병원은 실력을 갖춘 것 같다.
   ■s'armer de
5. 성탄절을 맞아 경찰이 우리들에게 장난감 가게의 문을 열어주었다!
   ■ouvrir les portes
6. 그의 생일 선물이 정말 맘에 든다면 그에게 감사 편지를 보내렴!
   ■apprécier cadeau
7. 그는 정신적으로 육체적으로 완전히 소진되어서 기절했다.
   ■s'évanouir
8. 사무실 장식의 각 요소는 집중과 경청이 동시에 용이하게 이루어지도록
   해준다.

■concentration et écoute

9. 한순간도 미국에 정착하기로 한 내 선택을 후회한 적이 없다.
■à aucun moment

10. 동물(animal)과 관련된 프랑스어의 구어적 표현들을 배워 봅시다.
정답을 찾은 뒤 해석해 보세요.

(1) Il m'a posé un lapin.

① Il a chassé un lapin et il me l'a donné.　② Il n'est pas venu au rendez-vous.

③ Il est éleveur de lapins et il m'en a donné un.　④ Il avait plusieurs copines.

(2) Tu es vache.

① Tu es drôle.　② Tu es méchant.　③ Tu es intelligent.　④ Tu es idiot.

(3) Quel porc!

① Quel gourmand!　② Qu'il est dégoûtant!

③ Qu'il est bête!　④ Qu'il est gros!

(4) C'est une langue de vipêre.

① C'est une personne qui zozote.　② C'est une personne très bavarde.

③ C'est une personne qui dit des choses méchantes.

④ C'est une personne qui ne parle pas beaucoup.

(5) Quel rat!

① Qu'il est bête!　② Qu'il est sale!　③ Qu'il est intelligent!　④ Qu'il est radin!

(6) Ne prends pas la mouche comme ça.

① Ne chante pas comme ça.　② Ne t'énerve pas comme ça.

③ Ne sois pas si bête.　④ Ne mange pas comme ça.

(7) Il a une fièvre de cheval.

① Il a beaucoup d'énergie.　② Il a très chaud.

③ Il a de la température.　④ Il court après les filles.

(8) J'ai le cafard.

   ① Je fais du café.   ② J'ai un enfant insupportable.

   ③ Mon animal domestique est un insecte.   ④ Je suis triste.

(9) Revenons à nos moutons.

   ① Allons encore à la ferme.   ② Revenons à notre sujet de conversation.

   ③ Revenons chez nos parents.   ④ Vivons à nouveau dans la nature.

(10) Attention aux poulets.

   ① Attention aux avocats.   ② Attention aux policiers.

   ③ Attention aux professeurs.   ④ Attention aux médecins.

(11) J'appelle un chat un chat.

   ① Je ne sais plus ce que je dis.   ② Il ne faut pas avoir peur des mots.

   ③ J'ai des choses plus importantes à faire.

(12) Il cherche la petite bête.

   ① Il est à la recherche du moindre défaut.   ② Il ne chasse que le petit gibier.

   ③ Il est passionné par les insectes.

(13) Ce film vous donne la chair de poule.

   ① C'est un film effrayant.   ② C'est un film qui vous met en appétit.

   ③ Ce film est si ennuyeux qu'on préfèrerait aller se coucher.

(14) Ça s'est passé entre chien et loup.

   ① Ça s'est très mal passé.   ② C'est arrivé à la tombée de la nuit.

   ③ Tout s'est parfaitement arrangé.

(15) Je fais un coq-à-l'âne.

   ① Je change de sujet.   ② Je dis une bêtise.   ③ Je manque de modestie.

(16) Elle est comme l'oiseau sur la branche.

   ① Elle a une voix magnifique.   ② Elle jouit d'une grande liberté.

   ③ Elle se trouve dans une situation précaire.

(17) Il prend le taureau par les cornes.

    ① Il affronte les difficultés.   ② Il s'énerve facilement.

    ③ Il bouge sans cesse.   ④ Il donne tout le temps des ordres.

(18) Il me rend chèvre.

    ① Il me fait rire.   ② Il me rend fou.

    ③ Il me rend heureux.   ④ Il me fait manger des légumes.

(19) Je ne suis pas une poule mouillée.

    ① Je ne suis pas végétalien.   ② Je ne suis pas trempé.

    ③ Je ne suis pas lâche.   ④ Je ne suis pas bien chic.

(20) Je me sens comme un poisson dans l'eau.

    ① Je suis très à l'aise.   ② J'ai trop bu.

    ③ J'ai envie de nager.   ④ Je nage très bien.

leçon 6

Dico, quoi de neuf?

6. Dico, quoi de neuf ?

『라루스 소사전』에 실린 신조어에 관한 기사
(2009-6-12 www.liberation.fr)

Comme chaque année, des nouveaux mots et expressions déboulent dans le *Larousse*. Dans l'édition 2010, on trouve, entre autres, "cambaler", "décohabiter", "geek", "burn out"··· Petit feuilletage.

-"C'est qui le clubbeur en slim, là-bas, qui prend des tofs?"
-"Qui ça? Lui là? Bof, un mec qu'a pas encore décohabité, genre adulescent tu vois. Complètement barré, toujours l'air d'avoir fumé la moquette··· Un geek tellement au taquet questions peer to peer qu'il a été blacklisté du réseau. Sans dec, ils ont chopé son IP."

Dialogue 100% fictif mais 100% homologué par la dernière livraison du *Petit Larousse* 2010. Soit une centaine de noms communs, locutions et expressions qui viennent grossir les pages du dictionnaire.

Comme à chaque édition, la liste des mots, pour la plupart déjà installés de longue date dans le langage courant, reflète les grandes tendances et les faits marquants de l'année. On ne s'étonnera donc pas de l'entrée de "financiarisation", de "burn-out." Tout un symbole aussi, l'entrée de "décroissance."

A chaque édition son lot de mots estampillés "nouvelles technologies." Cette année, on notera l'arrivée de "buzz, Web 2.0, webtélé/webradio, peer to peer, poster, geek, e-learnig, e-book, IP." Côté expressions, citons "faire pschitt", "être au taquet", "point barre" ou le toujours sympathique "fumer la moquette."

Quelques petits derniers pour la route, outre "cure-dent" et

> "tsunami" qui font une entrée tardive, on trouvera au rayon curiosités et inclassables : la belge "nominette", le suisse "comme que comme", ou le joli "cambaler."

가. 문장 분석 및 어휘 연구

■(Ant)선행사, (AO)목적어속사, (AS)주어속사, (CAG)동작주보어, (COD)직접목적보어, (COI)간접목적보어, (N)부정, (PI)의문대명사, (PR)관계대명사, (S)주어, (SI)비인칭주어, (V)동사, (Vaux)조동사, (Vcond)조건법, (VFA)전미래, (VFP)근접미래, (VFS)단순미래, (Vgér)제롱디프, (VIMP)반과거, (Vimpé)명령법, (Vinf)동사원형, (Vpas)수동태, (VPC)복합과거, (Vpp)과거분사, (Vppr)현재분사, (VPQP)대과거, (Vsubj)접속법.

> Comme chaque année, <u>des nouveaux mots et expressions</u>(S) <u>déboulent</u>(V) dans le *Larousse*.

■**débouler**(v. t. et i.) filer à toute vitesse. 굴러 떨어지다, [구어] 불시에 도착하다.

매년 그래왔듯이, (올해) 라루스 (신판) 사전에(도) 새로운 단어들과 표현들이 실려 있다.

> Dans l'édition 2010, <u>on</u>(S), <u>trouve</u>(V), entre autres, "cambaler", "décohabiter", "geek", "burn out"··· Petit feuilletage.

■부사구 **entre autres** '특히, 그중에서도.' ■**cambaler**(v. t.) transporter qn sur son porte-bagage. (사람을 짐칸에 싣고) 운반하다. ■**décohabiter**(v. t.) quitter le domicile de ses parents quand on est un jeune adulte. (부모님)집을 떠나다. ■**geek**(n. m.)

passionné monomaniaque d'informatique(Techno-Geek). 컴퓨터나 첨단기기에 푹 빠진 이들을 일컫는 '테크노기크.' ■**burn out**(n. m.) syndrome d'épuisement professionnel caractérisé par une fatigue physique et psychique intense. 신체적, 정신적 그리고 정서적 측면에서 개인의 기력이 고갈된 상태. ■**feuilletage**(n. m.) action de feuilleter. 책장 넘기기.

2010년판(사전)에서, 특히 'cambaler (짐칸에 태워) 운반하다', 'décohabiter (부모님)집을 떠나다', 'geek (테크노) 기크', 'burn out 탈진'과 같은 단어들을 발견하게 된다. (새) 사전을 좀 더 살펴보자!

-"(SI)C'est(V) qui(PI) le clubbeur(Ant) en slim, là-bas, (PR)qui prend(V) (COD)des tofs?"

■**clubbeur**(n. m.) 클럽에 정기적으로 가는 사람. clubber (영어). ■**prend des tofs**=prendre des photos. photo의 verlan 은어가 tof이다. ■**verlan**(n. m.) argot qui consiste à inverser les syllabes des mots(verlan=l'envers). 단어의 음절을 뒤집어 말하는 은어의 일종. [예: beur(arabe), céfran(français), noiche(chinois), renoi(noir), keuf(flic), keum(mec), meuf(femme), ripou(pourri), vénère(énervé), féca(café), teuf'(fête), cimer(merci).]

"저기 슬림한 클러버, 사진 찍는 저 사람 누구니?"

-"(PI)Qui ça? Lui là? Bof, un mec(Ant) (PR)qu'a(Vaux) (N)pas encore décohabité(VPC), genre adulescent tu(S) vois(V). Complètement (AS)barré, toujours (COD)l'air d'(Vaux)avoir(Vinf) fumé(Vpp) (COD)la moquette…

■**adulescent**(n. m.) celui qui ne veut pas quitter le cocon familial. 캥거루 자녀. ■**barré**(a.) fou. 미친. ■**air**(n. m.) apparence. 태도. ■[avoir l'air de…] '~인 것 같다.' ■**fumer la moquette** '이상한 말[짓]을 하다.'

"누구? 저 남자? 흥, 아직 독립도 못 한 남자인데, 철부지 부류야, 알겠지? (그는) 완전히 정신이 나간 것 같이, 항상 이상한 행동만 하거든."

Un geek tellement au taquet questions peer to peer qu'il_{(S) (VPC)}a été blacklisté_(Vpas) du réseau. Sans dec, ils_(S) _(VPC)ont chopé _(COD)son IP.

■[tellement… que…] '너무 ~해서 (결국) ~하다.' ■동사구 être au taquet(=se donner à fond). '철저히 ~하다. 몰두하다.' ■question+(무관사)명사. [구어] ~에 관해서는. ■peer to peer(=pair à pair). PC 대 PC, 개인 대 개인처럼 서버의 도움 없이 1:1 통신을 하는 관계. ■dec=déconner(v. i.) dire des sottises. [구어] 농담하다. ■choper(v. t.) [fam.] attraper. 붙잡다.

"P2P에 너무 몰입한 테크노 별종(이야). 결국 (그는) 웹 블랙리스트에도 올라갔대! 농담이 아니라 (진짜로), 그의 IP 주소가 걸렸었대!"

Dialogue 100% fictif mais 100% _(Vpp)homologué _(CAG)par la dernière livraison du *Petit Larousse* 2010.

■fictif (a.) 가상의, 허구의. ■homologuer(v. t.) confirmer officiellement. 승인하다. ■livraison(n. f.) partie d'un livre (정기간행물의) 각 권.

(이상은) 전부 가상의 대화지만, 모두 2010년판 『라루스 소사전』이 승인한 단어들로 이뤄졌다.

Soit une centaine de noms communs, locutions et expressions_(AND) _(PR)qui viennent grossir_(V) _(COD)les pages du dictionnaire.

■**Soit**(conj.) à savoir, c'est-à-dire. 즉, 다시 말해. ■[**venir**+동사원형]. '~하러 오다.'

(이렇게) 약 100여 개의 일반명사와 성구 그리고 관형 표현들이 (새) 사전의 책장을 두껍게 만들었다.

Comme à chaque édition, <u>la liste des mots</u>(S), pour la plupart déjà installés de longue date dans le langage courant, <u>reflète</u>(V) (COD)<u>les grandes tendances et les faits marquants de l'année</u>.

■기본문장[la liste des mots reflète les grandes tendances et les faits marquants de l'année]에 상황보어[Comme à chaque édition]와 주어를 수식하는 삽입구[pour la plupart déjà installés de longue date dans le langage courant]가 첨부되어 확장된 구조. ■부사구 **pour la plupart** '대부분.' ■**tendance**(n. f.) inclination, penchant. 경향, 동향.

매년 (사전) 신판(이 그래왔던 것)처럼, (새롭게 실린) 단어들은 대부분 이미 오래전부터 일상적 언어로 정착된 (단어들이며) 지난 일 년 동안의 중요 사건과 주요 경향을 반영하기도 한다.

<u>On</u>(S) (N)<u>ne s'étonnera</u>(VFS) donc (N)<u>pas</u> (COI)<u>de l'entrée de "financiarisation", de "burn-out."</u> Tout un symbole aussi, l'entrée de "décroissance."

■financiarisation(n. f.) politique fondée sur le recours à l'emprunt public. [경제] 자본화. ■décroissance(n. f.) politique préconisant un ralentissement du taux de croissance dans une perspective de développement durable. 비/무성장.

'자본화(financiarisation)' 또는 '탈진(burn-out)' 같은 단어들이 새 사전에 수록된 것은 그리 놀랍지 않다. 단어 '비성장(décroissance)'의 사전 등재 역시 매우 상징적이다.

A chaque édition son lot de mots estampillés "nouvelles technologies."

■[A chaque édition du dictionnaire, il y a son lot de mots estampillés nouvelles technologies.] ■lot(n. m.) une certaine quantité d'objets quelconques. 묶음, 한 세트. ■estampiller(v. t.) appliquer une empreinte pour en établir l'authenticité ou la provenance. 검인을 찍다.

매해 (새) 사전에는, "신기술" 용어들도 (새로) 실린다.

Cette année, on(S) (VFS)notera (COD)l'arrivée de "buzz, Web 2.0, webtélé/webradio, peer to peer, poster, geek, e-learnig, e-book, IP."

■noter(v. t.) remarquer 주의하다, 유의하다. ■미래시제[notera]가 쓰여 직역하면 '우리는 (다음 단어들의) 도착(=등재)을 주의할 것이다'이지만 현재로 해석하는 편이 자연스럽다. ■poster(n. m.) une note sur un blog. 포스터(블로그 글 올리기). ■IP=adresse IP (Informatique) 도메인 주소(영어: Internet Protocol).

올해에는 'buzz, Web 2.0, webtélé/webradio, peer to peer, poster, geek, e-learnig, e-book, IP' 등의 (새 사전) 등재를 주의할 만하다.

Côté expressions, citons_(Vimpé) "faire_(Vinf) _(COD)pschitt", "être_(Vinf) au taquet", "point barre" ou le toujours sympathique "fumer_(Vinf) _(COD)la moquette."

■côté(prép.) (관사 없이) ~에 관해서는, ~의 문제에 있어서는. (참고) Côté argent, tout va bien. 금전문제는 매우 순조롭다. ■citer(v. t.) indiquer. 예로 들다. ■faire pschitt(=faire taire, imposer silence). 조용히 시키다. ■point barre(=point à la ligne) l'expression imagée de la clôture unilatérale d'une discussion. 마침, 종료.

(새 사전에 실린) 표현들을 예로 들어 보자! 'faire pschitt 조용하게 하다', 'être au taquet 전력투구하다', 'point barre 종료' 그리고 항상 매력적인 표현 'fumer la moquette 이상한 행동을 하다'(등이 등재되었다).

Quelques petits derniers pour la route, outre "cure-dent" et "tsunami"_(Ant) _(PR)qui font_(V) _(COD)une entrée tardive, on_(S) trouvera_(VFS) au rayon curiosités et inclassables : _(COD)la belge "nominette", le suisse "comme que comme", ou le joli "cambaler".

■pour la route. (떠나는) 길을 위해, 끝으로. ■outre(prép.) en plus de. ~이외에. ■cure-dent(n. m.) petit instrument pointu qui sert à se curer les dents. 이쑤시개. ■tsunami(n. m.) raz de marée. 해일. ■entrée(n. f.) action d'entrer, admission. 입장, 승인, (사전의) 표제어. ■nominette(n. f.) une bandelette de tissu collée ou cousue dans un vêtement et portant le nom de son propriétaire. 이름표. ■comme que comme(=quoi qu'il en soit, de toute façon). 어쨌든.

끝으로 마지막 몇 단어를 (더) 소개하자면, 'cure-dent 이쑤시개'와 'tsunami 쓰나미' 등이 뒤늦게 승인되었으며(=사전에 실렸으며), 그 외에도, 흥미롭지만 구분하기 어려운 표현들, 벨기에 표현 'nominette 이름표', 스위스 표현인 'comme que comme 어쨌든' 혹은 'cambaler (짐칸에 태워) 운반하다' 같은 귀여운 표현도 (새 사전에서) 발견할 수 있다.

나. 작문 연습 및 심화 학습

1. 파리에 오래전 정착한 친구가 자동차 사고를 당했다.
   ■installer de longue date
2. 말리나와 사샤 오바마 자매는 백악관에 도착하는 날 조나스 브라더스를 만나서 매우 놀랐다.
   ■avoir la surprise (Malia et Sasha Obama, Jonas Brothers)
3. 이 가게의 특징은 선물과 지방특산물 코너에 있다.
   ■au rayon (produits régionaux)
4. 사망자의 감소는 최초의 에이즈 예방 노력의 상당한 성공을 반영한다.
   ■refléter (succès appréciables, prévention du sida)
5. 길 떠나기 전 마지막 한잔(어때요)?
   ■pour la route

6. 다음 지문은 『Robert 소사전』에 실린 신조어 대한 텔레비전 뉴스입니다. 음성 파일을 들으면서 빈칸을 채워 보세요. ☺

_____ rentrée scolaire _____ un bon dictionnaire. Et si vous consultez l'édition _____du *Petit Robert*, par exemple, vous aurez _____ de   découvrir quelques nouveaux mots : de "c" comme "carabistouille" à "z" comme "zigouigoui." _____ avec Didier Touillot et Véronique Roi.

Le dictionnaire nouveau est arrivé, avec lui des mots _____ de chez nous : "pochetron" "zigounette"; de drôles de mots : "didjeridoo", "raggamuffin" ; d'inévitables _____ : "pop-up", "podcaster." Ou encore des mots _____ , chipés à nos voisins : "carabistouille", par exemple, vient de _____ . Cela a fait longtemps que Bernard Pivot attendait sa _____ .

-"Quelqu'un vient me dire, "il me raconte des "_____"; "Attendez, qu'est-ce que vous me racontez." Ça veut dire, "vous me racontez un peu des _____"; "Vous me racontez des _____ ." C'est ça que ça veut dire. C'est de _____ , quoi. C'est pas _____ . C'est charmant."

Le Q. I., quotient _____ , fait son _____ dans le dico. Ce n'est pas
_____ . En parlant de Q. I., connaissez-vous la _____ de ces mots
nouveaux?

-"Un pochetron? C'est quelqu'un qui a peur!" (perdu)
-"Un trouillard?" (perdu)
-"Un poivrot." (gagné)
-"Un alcoolique." (gagné)

-"Un zigouigoui? un chant d'oiseau?" (perdu)
-"Un zigouigoui? c'est un petit _____ gribouillé sur une page." (gagné)

-"(Un) didjeridoo? c'est pas un personnage de bande dessinée, ça? non?
pour les petits, non?" (perdu)
- "C'est un instrument de musique." (gagné)

_____ , plus de 400 mots ont été selectionnés _____ . Il y a aussi
_____ expressions. La plus tendre ne peut vous _____ , "tomber en
amour."

-Elle est très jolie. Elle est assez _____. Où on dit "être en amour", par
_____ de l'anglais "to be in love."

Il y a donc du _____ dans le nouveau dictionnaire, mais pas seulement.

Le concours "Francomot"

7. Le concours "Francomot"

증가하는 영어 웹 용어들의 침략에 저항하는 프랑스어 순화 노력에 관한 기사
(2010-3-30 www.tf1.fr)

Face à l'anglais qui règne en maître sur le web la langue française fait de la résistance. De nouveaux mots ont été proposés mardi par un jury. La newsletter fait place à l'infolettre et le tuning à bolidage. Le jury du concours "Francomot" a à nouveau rendu son verdict : cinq nouveaux termes français ont été trouvés pour remplacer le jargon issu du monde de l'informatique. "Tuning-bolidage, buzz-ramdam, talk-débat, newsletter-info lettre, chat-tchatche/éblabla."

Le jury du concours "Francomot" a rendu son verdict, mardi 30 mars, sur cinq mots français qui pourraient remplacer des anglicismes utilisés sur Internet. Le concours initié par le secrétaire d'État chargé de la Coopération et de la Francophonie, Alain Joyandet, avait pour but d'inviter des étudiants à proposer des traductions pour les mots "chat", "talk", "tuning", "buzz", ou encore "newsletter."

-"Il y a 10 ans, tout le monde parlait de 'walkman' ou de 'software', aujourd'hui, ces deux mots anglo-saxons ont naturellement été remplacés par 'balladeur' et 'logiciel'", a dit Alain Joyandet.

Pour "talk", le jury a retenu comme équivalent français le terme de "débat." "Newsletter" trouverait son pendant avec "infolettre", une simple traduction au mot à mot.

Des traductions sont plus étonnantes pour ne pas dire farfelues pour les trois autres mots. Ainsi "tuning", l'art de personnaliser sa voiture, deviendrait "bolidage" et "chat" muterait en "éblabla" ou "tchatche." Reste "buzz" pour lequel le jury a sélectionné "ramdam."

Il s'agit en fait d'un mot d'origine arabe signifiant tapage et vacarme "à cause de la vie nocturne bruyante pendant le ramadan", précise le dictionnaire. Ce mot "a fait l'unanimité. Il renvoie à l'idée de téléphone arabe, d'info qui circule", estime MC Solaar qui composait le jury avec une dizaine d'autres personnalités et sous la présidence de Jean-Christophe Rufin de l'Académie française.

Six mots ont été choisis, il y a donc eu six gagnants à ce concours. Un stage dans un centre culturel français dans six pays différents (Québec, Dakar, Rabat, Bucarest, Beyrouth et Phnom Penh) a donc été gagné par six étudiants.

가. 문장 분석 및 어휘 연구

■(Ant)선행사, (AO)목적어속사, (AS)주어속사, (CAG)동작주보어, (COD)직접목적보어, (COI)간접목적보어, (N)부정, (PI)의문대명사, (PR)관계대명사, (S)주어, (SI)비인칭주어, (V)동사, (Vaux)조동사, (Vcond)조건법, (VFA)전미래, (VFP)근접미래, (VFS)단순미래, (Vgér)제롱디프, (VIMP)반과거, (Vimpé)명령법, (Vinf)동사원형, (Vpas)수동태, (VPC)복합과거, (Vpp)과거분사, (Vppr)현재분사, (VPQP)대과거, (Vsubj)접속법.

Face à l'anglais(Ant) (PR)qui règne(V) (AS)en maître sur le web la langue française(S) fait(V) (COD)de la résistance.

■**régner**(v. i.) prédominer. 지배하다, 세력을 떨치다, 유행하다. passion de régner 지배욕. ■**résistance**(n. f.) refus d'obéir, de céder, opposition. (공격·권력 따위에 대한) 저항, 반항. Cela ne se fera pas sans résistance. 그것은 순조롭게 이루어지지 않을 것이다. ■[La langue française fait de la résistance face à l'anglais qui règne en maître sur le web].

인터넷을 지배하는 영어에 맞서기 위해 프랑스어가 저항한다.

De nouveaux mots(S) (VPC)ont été proposés(Vpas) mardi (CAG)par un jury.

■[de+복수형용사+복수명사]: [de nouveaux mots]. ■jury(n. m.) Ensemble des jurés appelés à donner leur opinion sur le mérite des concurrents dans un concours. 심사원단, 심사위원회.

화요일 (대회 "Francomot"의) 심사위원단에 의해 새로운 단어들이 제안되었다.

La newsletter(S) fait(V) (COD)place (COI)à l'infolettre et le tuning(S) (COI)à bolidage.

■동사구 faire place '자리를 내주다.' ■[La newsletter fait place à l'infolettre] et [le tuning fait place à bolidage].

영어 newsletter는 프랑스어 infolettre에게 자리를 양보하며, 영어 tuning을 프랑스어 bolidage가 대신한다.

Le jury du concours "Francomot"(S) a(Vaux) à nouveau rendu(VPC) (COD)son verdict : cinq nouveaux termes français(S) (VPC)ont été trouvés(Vpas) pour (Vinf)remplacer (COD)le jargon issu du monde de l'informatique.

■verdict(n. m.) réponse du jury aux questions du tribunal. jugement. 평결(評決). ■jargon(n. m.) langage spécial employé par une catégorie de personnes. 전문용어, 직업어.

대회 "Francomot"의 심사위원단이 새롭게 (다음과 같은) 결정을 내렸다. 컴퓨터 관련(전산학에서 사용되는) (영어) 전문용어를 대신하기 위해 5개의 새로운 프랑스어 단어를 찾았다.

"Tuning-bolidage, buzz-ramdam, talk-débat, newsletter-info lettre, chat-tchatche/éblabla."

■**bolide**(n. m.) voiture très rapide. 매우 빠른 차. ■**buzz**[bœz](n. m.) forme de publicité, retentissement médiatique. ■**ramdam**(n. m.) désordre accompagné de bruit. 소동, 소란. ■**tchatche**(n. f.) bavardage. [구어] 수다. ■**bla-bla**(n. m. invariable) bavardage oiseux. (소란스러운) 지껄임.

영어 tuning은 프랑스어 bolidage가 대신하고, 영어 buzz는 프랑스어 ramdam이, 영어 talk는 프랑스어 débat가, 영어 newsletter는 프랑스어 info lettre가 그리고 영어 chat는 프랑스어 tchatche 또는 프랑스어 éblabla가 대신한다(는 대회 "Francomot" 심사위원단의 결정이다).

Le jury du concours "Francomot"(S) (VPC)a rendu (COD)son verdict, mardi 30 mars, sur cinq mots français(Ant) (PR)qui (Vaux)pourraient(Vcond) (Vinf)remplacer (COD)des anglicismes utilisés sur Internet.

■**anglicisme**(n. m.) expression empruntée à la langue anglaise. (다른 나라 언어에서 사용되는) 영어 차용어, 영어식 표현(예: camping, parking).

5월 30일 화요일 "Francomot"의 심사위원단은 5개의 프랑스어 단어가 인터넷에서 사용되는 (5개의) 영어 용어를 대신할 것이라고 결정했다.

Le concours(S) initié(Vpp) (CAG)par le secrétaire d'État chargé de la Coopération et de la Francophonie, Alain Joyandet, (VIMF)avait pour but d'inviter(Vinf) (COD)des étudiants à proposer(Vinf) (COD)des traductions pour les mots "chat", "talk", "tuning", "buzz", ou encore "newsletter."

■Secrétaire d'État (auprès du ministre des Affaires étrangères) chargé de la Coopération et de la Francophonie. (프랑스 외교부 소속) 프랑스어권 협력 담당 정무차관. ■기본구조는 [Le concours avait pour but…]이며, 주어는 과거분사구[initié par …Alain Joyandet]의 수식을 받고 있으며 직접목적보어[but]는 부정법구문 [d'inviter des étudiants…ou encore "newsletter"]의 수식으로 확장된 구조이다.

프랑스어권 협력 담당 정무차관인 알랭 주앙데가 기획한 이 대회는 5개의 (영어) 단어 "chat", "talk", "tuning", "buzz", "newsletter"를 대신할 프랑스어 번역을 제안하도록 학생들을 격려하는 목적을 가지고 열렸다.

-"Il y a 10 ans, tout le monde(S) (VIMF)parlait (COI)de 'walkman' ou de 'software', aujourd'hui, ces deux mots(S) anglo-saxons (Vaux)ont naturellement (VPC)été remplacés(Vpas) (CAG)par 'balladeur' et 'logiciel'", (VPC)a dit Alain Joyandet(S).

■비인칭구문[il y a…] '(시간) ~전에.' ■능동태 문장[les mot français 'balladeur' et 'logiciel' ont remplacé deux mots anglo-saxons 'walkman' et 'software'].

"10년 전에는 모든 사람들이 'walkman'과 'software'라는 (영어) 단어를 사용했었습니다. (하지만) 오늘날 이 두 영어 단어는 프랑스어 단어 'balladeur'와 'logiciel'로 자연스럽게 순화되었습니다."(라고) 알랭 주앙데가 말했다.

Pour "talk", <u>le jury</u>(S) <u>a retenu</u>(VPC) comme équivalent français (COD)<u>le terme</u> de "débat." "<u>Newsletter</u>"(S) (Vcond)<u>trouverait</u> (COD)<u>son pendant</u> avec "infolettre", une simple traduction au mot à mot.

심사위원단은 영어 "talk" (대신) 프랑스어 동의어로 "débat"를 선택했다. 영어 "newsletter"(에 대해서) 단순한 직역에 해당하는 "infolettre"를 프랑스어 대응어로 골랐다.

<u>Des traductions</u>(S) <u>sont</u>(V) plus (AS)<u>étonnantes</u> pour (N)<u>ne pas</u> (Vinf)<u>dire farfelues</u>(AS) pour les trois autres mots.

■farfelue(a.) bizarre, cocasse. 별난, 우스꽝스러운.

다른 세 (영어) 단어들의 (프랑스어) 번역은 엉뚱하다고 할 만큼 더 놀랍다.

Ainsi "<u>tuning</u>"(S), l'art de personnaliser sa voiture, (Vcond)<u>deviendrait</u> (AS)"<u>bolidage</u>" et "<u>chat</u>"(S) (Vcond)<u>muterait</u> en "éblabla" ou "tchatche."

■personnaliser(v. t.) donner un cachet personnel à quelque chose. 개성화하다, (사물을) 개인의 기호에 맞추다. ■muter(v. t.) affecter à un autre poste. envoyer. 전속시키다.

자동차를 개조하는 기술을 의미하는 영어 "tuning"은 프랑스어 "bolidage"로 순화되며, 영어 "chat"은 프랑스어 "éblabla" 혹은 "tchatche"로 번역되었다.

Reste(V) "buzz"(Ant) pour lequel(PR) le jury(S) (VPC)a sélectionné (COD)"ramdam."

■비인칭구문[(Il nous) reste "buzz" pour lequel…]이 생략된 문장.

마지막 영어 단어 "buzz"를 위해서 심사위원단이 선택한 프랑스어 번역은 "ramdam"이다.

Il(SI) s'agit(V) en fait (COI)d'un mot d'origine arabe (Vppr)signifiant (COD)tapage et vacarme "à cause de la vie nocturne bruyante pendant le ramadan", précise(V) le dictionnaire(S).

■현재분사구[signifiant tapage et vacarme]는 전치 명사구[un mot d'origine arabe] 수식. ■tapage(n. m.) désordre accompagné de bruit. 떠들썩한 소리. ■vacarme(n. m.) grand bruit/cris. 야단법석. ■전 치사구 à cause de '~ 때문에.' ■nocturne(a.) qui a lieu pendant la nuit. 밤의, 야간의. ■ramadan(n. m.) neuvième mois de l'année arabe, que les musulmans consacrent au jeûne. 회교력 9월에 지켜야 할 종교 규율(낮 동안의 단식 따위).

("ramdam"은) 아랍어 어원의 단어로 "라마단 동안 소란스러운 밤 생활 때문에 일어나는" 소란과 소음을 가리킨다(라고) 사전에 적혀 있다.

Ce mot_(S) "a fait_{(VPC) (COD)}l'unanimité. Il_(S) renvoie_{(V) (COI)}à l'idée de téléphone arabe, d'info_{(Ant) (PR)}qui circule_(V)", estime_{(V) (S)}MC Solaar_{(Ant) (PR)}qui _(VIMF)composait _(COD)le jury avec une dizaine d'autres personnalités et sous la présidence de Jean-Christophe Rufin de l'Académie française.

■동사구 faire l'unanimité '만장일치하다.' ■renvoyer(v. t.) 참조케 하다, 가리키다. ■composer(v. t.) former, établir. 구성하다. ■dizaine(n. f.) total composé de dix unités. 10. ■personnalité(n. f.) personnage, figure, vedette, star. (중요한) 인물, 유력 인사. ■présidence(n. f.) direction, commandement, organisation. (회의 따위의) 주재.

이 단어("ramdam")는 "만장일치로 뽑혔다. 이 단어는 아라비아 전화의 개념을 가리킨다. (즉, 소문으로) 전해지는 정보라는 의미이다."(라고) (프랑스 유명 랩 가수) 엠씨 솔라는 설명한다. 그는 다른 열 명의 인사들과 함께, 프랑스학술원 소속의 장-크리스토프 루펭이 주재한 심사위원단에 참가했다.

Six mots_{(S) (VPC)}ont été choisis_(Vpas), _(SI)il y a_(Vaux) donc _(VPC)eu _(COD)six gagnants à ce concours.

■gagnant(n. m.) qui gagne, vainqueur. 승리자, 당첨자.

여섯 단어가 선택되었으므로, 여섯 명의 당선자가 이 대회에서 선발된 것이다.

Un stage_(S) dans un centre culturel français dans six pays différents (Québec, Dakar, Rabat, Bucarest, Beyrouth et Phnom Penh) _(Vaux)a donc _(VPC)été gagné_{(Vpas) (CAG)}par six étudiants.

■**stage**(n. m.) séjour, cours, formation. 실습, 연수. ■[Six étudiants ont donc gagné un stage (qui vont avoir lieu) dans un centre culturel français dans six pays différents (Québec, Dakar, Rabat, Bucarest, Beyrouth et Phnom Penh).]

여섯 나라(퀘벡, 다카르, 라바트, 부카레스트, 베이루트 그리고 프놈펜)의 프랑스 문화원에서의 연수가 여섯 명의 학생들에게 부상으로 주어졌다.

나. 작문 연습 및 심화 학습

1. 병맥주가 캔맥주에게 자리를 내준다.
   ■faire place à (canette)
2. 프랑스 정부는 아프가니스탄의 의복인 '부르카'에 저항한다.
   ■faire de la résistance à ("burqa")
3. 심사위원단은 블로거와 신문기자 그리고 재정 전문가들로 구성되어 있다.
   ■composer jury (spécialistes du financement)
4. 일류 요리사와의 요리 연수를 (부상으로) 얻기 위해서는 매달 열리는 조리법 경연대회에 참석해야 한다.
   ■gagner stage (grand chef)
5. 비타민의 유효성은 만장일치를 얻지 못하는 것 같다.
   ■faire l'unanimité
6. 결단을 내리기까지에는 당신에게 아직 약간의 시간이 있다.
   ■rester du temps
7. 교회는 우리들에게 금욕의 시간을 가질 것을 권유한다.
   ■inviter à (carême)
8. 이 영화는 (언론의) 커다란 관심을 불러일으켰다.
   ■faire buzz.

9. 다음 지문은 프랑스 교육부 지원 정책 관련 텔레비전 뉴스입니다. 음성
   파일을 듣고 빈칸을 채워 보세요.

Les fournitures _____ sont trop chères. C'est en tout cas l'avis du
_____ qui recevait cet après-midi les patrons de la grande
distribution.

Xavier Darcos leur a demandé de _____ le coût pour les familles en
_____ une liste de base : liste de trente fournitures qui serai _____
aux enseignants, et donc _____ en classe avec des produits moins chers.

-"Le cahier qui est dans la liste, il _____ soit au même prix que l'année
dernière, soit à prix _____ Voilà, donc c'est quand même quelque chose,
pour un commerçant, est un _____ fort."

Autre _____ pour cette rentrée, les promotions seront _____
jusqu'à la mi-septembre.

leçon 8
Superbus

8. Superbus

Superbus, rien à _____ avec un autocar. Le nom de ce groupe de rock vient du latin, _____ signifie "fierté" et "insolence." Insolents, les Superbus le sont finalement assez peu dans leur _____ album. Mais ils se sont bien amusés. Marie-Émilie Catier et Véronique Roi les ont rencontrés.

Petite répétition entre amis : entre amis et en toute _____ . Superbus, le groupe pop rock nous ouvre les portes de son studio parisien et il nous _____ "Lova Lova."

Un quatrième album _____ fleure bon : Paris la nuit, les jolies filles, danseuses, call-girls et autres strip-teaseuses. Prèsque entièrement écrit et _____ par Jennifer Ayache, "Jenn" pour les _____ .

-"On a toujours fonctionné comme ça. En fait, j'amène la base des morceaux et après les garçons se greffent autour. Et comme ça que, ça devient un morceau de Superbus. Mais _____ la base est en partie féminine, ça féminise le projet."

Biberonné au son des années _____ , Superbus en use et en _____ .

-"C'est un peu le cahier des charges qu'on avait, quand on avait commencé l'album de "Suivre Jenn" dans son espèce d'album de fans des années _____ . C'est un peu ça. On s'amusait avec (plein) plein de _____ qu'on adore, des Voulzy, des Kim

Wilde, des Blondy et Depeche Mode, Duran Duran, tout un tas de groupes comme ça, On s'est amusé avec ces nouveaux vêtements là pour ce disque, quoi. Et on trouve qu'ils nous _____ bien. Et on est _____ ."

Il y a de la _____ dans "Lova Lova", de _____ vous réveiller et vous _____ accro.

가. 문장 분석 및 어휘 연구

■(Ant)선행사, (AO)목적어속사, (AS)주어속사, (CAG)동작주보어, (COD)직접목적보어, (COI)간접목적보어, (N)부정, (PI)의문대명사, (PR)관계대명사, (S)주어, (SI)비인칭주어, (V)동사, (Vaux)조동사, (Vcond)조건법, (VFA)전미래, (VFP)근접미래, (VFS)단순미래, (Vgér)제롱디프, (VIMP)반과거, (Vimpé)명령법, (Vinf)동사원형, (Vpas)수동태, (VPC)복합과거, (Vpp)과거분사, (Vppr)현재분사, (VPQP)대과거, (Vsubj)접속법.

> Superbus, rien à voir(Vinf) avec un autocar. (S)Le nom de ce groupe de rock(Ant) vient(V) du latin, (PR)qui signifie(V) (COD)"fierté" et "insolence."

■동사구 avoir à voir(=être en rapport avec quelque chose, concerner). '상관이 있다.' ■동사구 n'avoir rien à voir(=être indépendant, sans pertinence ni lien quelconque). '(전혀) 상관이 없다.' ■[Superbus n'a rien à voir avec un autocar]. ■fierté(n. f.) sentiment d'orgueil ou de noblesse. 자존심, 긍지. ■insolence(n. f.) manque de respect, orgueil offensant. 거만함, 오만함. ■주절[Le nom de ce groupe de rock vient du latin] 종속절[qui signifie "fierté" et "insolence"].

슈퍼버스는 버스와는 전혀 상관없습니다. 슈퍼버스라는 이 록 그룹의 이름은 라틴어에서 왔습니다. (슈퍼버스는) '자존심' 혹은 '오만함'을 의미합니다.

Insolents, <u>les Superbus</u>(S) <u>le</u>(AS) <u>sont</u>(V) finalement assez peu dans leur dernier album. Mais <u>ils</u>(S) (VPC)<u>se sont</u> bien <u>amusés</u>.

■**insolent**(a.) impoli, irrespectueux. 거만한, 오만한. ■**s'amuser**(v. pron.) se divertir. 즐기다.

(하지만) 슈퍼버스 멤버들은 그들의 최신 앨범에서 거의 오만하지 않았습니다. 그러나 그들은 (최신 앨범 준비 과정에서) 매우 즐거운 시간을 보냈습니다.

<u>Marie-Émilie Catier et Véronique Roi</u>(S) <u>les</u>(COD) <u>ont rencontrés</u>(VPC).

■직접목적보어 les(=les Superbus)가 조동사 앞에 위치하기 때문에 과거분사에 s 추가.

마리-에밀리 카티에와 베로니크 루와 기자가 그들(슈퍼버스 맴버들)을 만났습니다.

Petite répétition entre amis : entre amis et en toute décontraction. Superbus, <u>le groupe pop rock</u>(S) (COI)<u>nous ouvre</u>(V) (COD)<u>les portes de son studio parisien</u> et <u>il</u>(S) (COI)<u>nous présente</u>(V) (COD)"<u>Lova Lova</u>."

■**répétition**(n. f.) action de s'exercer ce qu'on devra faire en public. 연습. ■**décontraction**(n. f.) détente. 편안함, 느긋함.

친구들끼리의 짧은 연습(을 하고 있는 슈퍼버스) : 친구들끼리의 연습(이기에) 여유 있는 분위기(가 느껴집니다). 록 그룹 슈퍼버스는 우리에게 그들의 파리 연습실 문을 열어주고, 우리에게 (앨범) "로바로바"를 소개합니다.

Un quatrième album(Ant) (PR)qui fleure(V) bon : Paris la nuit, les jolies filles, danseuses, call-girls et autres strip-teaseuses.

■fleurer(v. i.) exhaler une odeur, embaumer. (향기를) 풍기다. ■danseur(n. c.) personne qui danse. 무용수.

그들의 이 네 번째 앨범은 좋은 향기가 납니다. 밤의 파리, 아름다운 여성들, 무희들, 콜걸 그리고 스트리퍼들에 대해 이야기하고 있습니다.

Prèsque entièrement écrit et composé(Vpp) (CAG)par Jennifer Ayache, "Jenn" pour les intimes.

■prèsque(ad.) à peu près. 거의. ■entièrement(ad.) complètement. 완전히. ■intime(a. et n. c.) ami très proche. 친구, 측근. ■[Un quatrième album est prèsque entièrement écrit et composé par Jennifer Ayache…]

(4집 앨범의) 거의 대부분의 곡은 제니퍼-친한 사람들 사이의 애칭으로는 젠(이라 불리는)-아야시가 작사, 작곡했습니다.

-"On(S) a(Vaux) toujours fonctionné(VPC) comme ça. En fait, (S)j'amène(V) (COD)la base des morceaux et après (S)les garçons (V)se greffent autour.

■부사구 en fait 사실은. ■amener(v. t.) apporter, faire venir. (~로) 끌어들이다, 도입하다. ■morceau(n. m.) oeuvre d'art, un morceau de musique. (음악) 곡. ■se greffer(v. t. et pro.) s'ajouter à. 덧붙여지다. ■autour(ad.) qui entoure. 주위에.

> "항상 이런 식으로 작업해 왔어요. 제가 기본 곡을 가져오면, 다른 멤버들이 (기본 곡) 주위에 덧붙입니다."

Et comme ça que, (SI)ça (V)devient (AS)un morceau de Superbus. Mais vu que (S)la base est(V) en partie (AS)féminine, (SI)ça (V)féminise (COD)le projet."

■부사구 comme ça '이렇게.' ■접속사 Vu que(=compte tenu du fait que) ~라서 (이유). ■féminiser(v. t.) rendre féminin. 여성화하다.

> "바로 이런 식으로 슈퍼버스의 곡을 완성했지요. 하지만 바탕이 부분적으로 여성적이기 때문에, 완성곡(앨범)도 여성적이죠."

Biberonné au son des années quatre-vingts, Superbus(S) (COD)en use(V) et (COD)en abuse(V).

■biberonner(v. i.) boire avec excès. 과음하다, 취하다. ■user(v. i. t. et pron.) employer. 이용하다. ■ abuser(v. t. et pron.) user avec excès. 남용하다. ■중성대명사 en은 du son des années quatre-vingts을 가리킨다고 볼 수 있다.

> 80년대 음악에 취한 슈퍼버스는 (새 앨범에서) 80년대 음악들을 맘껏 활용합니다.

-"(SI)C'est(V) un peu le cahier des charges(Ant) (PR)qu'on(S) (VIMF)avait, quand (S)on avait commencé(VPQP) (COD)l'album de "Suivre Jenn" dans son espèce d'album de fans des années quatre-vingts. (SI)C'est(V) un peu ça.

■[c'est…que] 강조 구문. ■cahier des charges. 일지. ■espèce(n. f.) genre, type. [une espèce de] 일종의 ~, ~와 같은 것.

"이것(4집 앨범)은 (일종의) 80년대 음악의 팬 앨범 "Suivre Jenn"을 시작했을 때 우리가 가졌던 일지 같은 것입니다."

(S)On s'amusait(VIMF) avec plein de références(Ant) (PR)qu'on adore, des Voulzy, des Kim Wilde, des Blondy et Depeche Mode, Duran Duran, tout un tas de groupes comme ça.

■référence(n. f.) texte sur lesquels on s'appuie. 조회, 참조.

(우리는) 우리가 사랑하는 (로렁) 불지, 킴 와일드, 블론디, 디페시모드, 뒤란뒤란 이 같은 수많은 그룹들의 (80년대의 대표) 음악들을 참고하면서 즐겼습니다(=이 앨범을 만들었습니다).

(S)On s'est amusé(VPC) avec ces nouveaux vêtements là pour ce disque, quoi. Et (S)on trouve(V) qu'ils(S) (COI)nous vont(V) bien. Et (S)on est(V) (AS)content."

■vêtement(n. m.) habit, affaire, habillement. 옷, 의류. 여기서는 80년대 음악을 가리키며 앨범을 만드는 과정을 비유적으로 표현한 것이다. ■trouver(v. t.) juger, considérer, penser, estimer. (라고) 생각하다. ■aller(à qn/qc) convenir. '~에(게) 잘 어울리다.'

"이 앨범 (제작)을 위해 우린 이런 새로운 곡들과 좋은 시간을 보냈습니다. (우린) 이 곡들이 우리에게 잘 어울린다고 생각합니다. 우린 (이 결과에) 만족합니다."

(SI)<u>Il y a</u>(V) (COD)<u>de la joie</u> dans "Lova Lova", <u>de quoi</u>(PR) (COD)<u>vous</u> (Vinf)<u>réveiller</u> et (COD)<u>vous</u> (Vinf)<u>rendre</u> (AO)<u>accro</u>.

■**joie**(n. f.) sentiment de bonheur, de plaisir. 기쁨. ■**réveiller**(v. t. et pro.) exciter, ranimer. 깨어나게 하다, 활기를 넣어주다. ■**accro**(a. et n. c.) [fam.] dépendant, passionné. (에) 흠뻑 빠진.

(앨범) "로바로바"에는 즐거움이 실려 있습니다. (이 앨범에는) 당신의 감정을 깨울 음악이 실려 있으며 당신을 중독시킬 음악이 실려 있습니다.

나. 작문 연습 및 심화 학습

1. 난 그 일과 아무 상관없어!
   ■rien à voir avec
2. 린제이 로한은 자신의 명성을 타락한 파티에 참가하기 위해 마구 남용한다.
   ■user et abuser (Lindsay Lohan, soirées dépravées)
3. 온라인 포커 게임은 (당신을) 중독시킬 수 있다.
   ■rendre accro
4. 당신이 자랑스러워하는 것은 무엇입니까?
   ■être fier
5. 나는 작년 겨울 90년대 음악에 취했었다.
   ■biberonner
6. 이 병 중 다른 합병증이 더해질 수도 있다.
   ■se greffer (d'autres affections)

7. 그녀들의 두 번째 앨범은 또다시 이백만 장이 넘게 팔렸다.

■froler (copies)

8. 다음은 샹송 "Toi Jamais"의 가사입니다. 빈칸에 알맞은 관사(article)와 목적어를 넣어 완성한 뒤 한국어로 해석해 보세요.

(1) Ils veulent m'offrir _____ voitures, _____ bijoux et _____ fourrures. Toi jamais.

(2) Mettre à mes pieds leur fortune. Et me décrocher _____ lune. Toi jamais.

(3) Et chaque fois, qu'ils m'appellent. Ils ____ disent que je suis belle. Toi jamais.

(4) Ils m'implorent et ils m'adorent. Mais pourtant je ___ ignore. Tu le sais.

(5) Homme, tu n'es qu'____ homme, comme _____ autres. Je le sais.

(6) Et comme tu es mon homme, je __ pardonne. Et toi jamais

(7) Ils inventent _____ histoires, que je fais semblant de croire. Toi jamais.

(8) Ils me jurent fidélité, jusqu'au bout _____ éternité. Toi jamais.

(9) Et quand ils me parlent de _____ amour, ils ont trop besoin de _____ discours. Toi jamais.

(10) Je me fous de leur fortune. Qu'ils laissent là où est _____ lune sans regret.

9. 다음은 샹송 "Pour ne pas vivre seule"의 가사입니다. 빈칸에 알맞은 관사(article)를 넣어 완성한 뒤 한국어로 해석해 보세요.

(1) Pour ne pas vivre seul, on vit avec ____ chien, on vit avec ___ roses, ou avec ____ croix.

(2) Pour ne pas vivre seul, on se fait ____ cinéma, on aime ____ souvenir, ___ ombre, n'importe quoi.

(3) Pour ne pas vivre seul, on vit pour ___ printemps et quand ___ printemps meurt pour ___ prochain printemps.

(4) Pour ne pas vivre seul, je t'aime et je t'attends pour avoir ___ illusion de ne pas vivre seul, de ne pas vivre seul.

(5) Pour ne pas vivre seul, ____ filles aiment _____ filles et l'on voit ____ garçons épouser ____ garçons.

(6) Pour ne pas vivre seul, d'autres font ___ enfants, ____ enfants qui sont seuls comme tous ____ enfants.

(7) Pour ne pas vivre seul, on fait ____ cathédrales où tous ceux qui sont seuls s'accrochent à ___ étoile.

(8) Pour ne pas vivre seul, je t'aime et je t'attends pour avoir ____ illusion de ne pas vivre seul.

(9) Pour ne pas vivre seul, on se fait ___ amis et on ____ réunit quand vient ___ soirs d'ennui.

(10) On vit pour son argent, ses rêves, ses palaces, mais on a jamais fait _____ cercueil à deux places.

leçon 9
Carla Bruni-Sarkozy

9. Carla Bruni-Sarkozy

프랑스 영부인의 뉴욕 자선 공연 관련 기사
(2009-9-22 www.republicain-lorrain.fr)

Carla Bruni remontait sur scène pour la première fois depuis qu'elle a épousé Nicolas Sarkozy. Samedi à New York, la première dame de France a interprété deux chansons en l'honneur de Nelson Mandela. Le grand concert caritatif du "Mandela Day" a fait salle comble samedi soir à New York.

Une kyrielle de musiciens, américains et africains pour la plupart, se sont succédés sur la scène de la mythique salle art déco du Radio City Hall, en plein cœur de Manhattan, en l'honneur de l'ex-président sud-africain qui fêtait ses 91 ans.

Des figures afro-américaines de la musique ont fait vibrer la foule, comme Stevie Wonder, Aretha Franklin, Gloria Gaynor et Queen Latifah, ou encore le duo entre l'Américain Josh Groban et le sud-africain Sipho Mabuse.

Prestation remarquée parmi les autres, celle de la femme du chef de l'Etat français, Carla Bruni-Sarkozy, qui a interprété deux chansons en duo avec Dave Stewart, l'ex-Eurythmics, accompagnée de sa guitare et d'une soliste au violon.

L'ancien mannequin, dont c'était la première prestation en public depuis qu'elle a épousé Nicolas Sarkozy, a interprété son titre phare "Quelqu'un m'a dit", et un classique de Bob Dylan, "Blowin' in the wind." S'exprimant en anglais, elle a présenté sa chanson comme "une petite chanson française, très bien pour danser, et très bien pour rêver."

Le duo a été applaudi chaleureusement par le public, et encore plus par le président Sarkozy, qui a suivi depuis la salle, avec une admiration et une joie non dissimulées, la prestation de son épouse.

Carla Bruni-Sarkozy, qui avait décidé qu'elle ne recommencerait à chanter que lorsque son mari ne serait plus président, a fait une exception car le concert visait à récolter des fonds pour la lutte contre le sida, en raison de son engagement dans la lutte contre le sida.

가. 문장 분석 및 어휘 연구

■(Ant)선행사, (AO)목적어속사, (AS)주어속사, (CAG)동작주보어, (COD)직접목적보어, (COI)간접목적보어, (N)부정, (PI)의문대명사, (PR)관계대명사, (S)주어, (SI)비인칭주어, (V)동사, (Vaux)조동사, (Vcond)조건법, (VFA)전미래, (VFP)근접미래, (VFS)단순미래, (Vgér)제롱디프, (VIMP)반과거, (Vimpé)명령법, (Vinf)동사원형, (Vpas)수동태, (VPC)복합과거, (Vpp)과거분사, (Vppr)현재분사, (VPQP)대과거, (Vsubj)접속법.

Carla Bruni(S) remontait(VIMF) sur scène pour la première fois depuis qu'elle(S) a épousé(VPC) Nicolas Sarkozy.

■동사구 (re)monter sur scène '(다시) 무대에 오르다.' ■주절 과거의 사건에 대한 묘사 반과거[remontait].

카를라 브루니는 니콜라 사르코지와 결혼한 후 처음으로 다시 무대에 섰다.

Samedi à New York, la première dame de France(S) a interprété(VPC) (COD)deux chansons en l'honneur de Nelson Mandela.

■interpréter(v. t.) exécuter une oeuvre musicale. 연주하다. ■honneur(n. m.) estime, considération qui suivent la vertu, le courage, le talent. 명예, 존경, 경의.

■전치사구 en l'honneur de '~에 경의를 표하여, 축하하여.' ■la première dame de France. '프랑스 영부인.'

> 토요일 뉴욕에서 프랑스의 영부인은 넬슨 만델라에게 경의를 표하기 위해 두 곡의 노래를 불렀다.

> Le grand concert caritatif du "Mandela Day"(S) a fait(VPC) (COD)salle comble samedi soir à New York.

■[le grand concert] 일부 단음절 형용사(grand/petit/beau/vieux 등) 명사 앞 위치. ■caritatif(a.) qui a rapport à la charité, généreux, humanitaire, altruiste, philanthrope, humain, charitable. 자선의. 구호하는. ■comble(a.) plein, complet. 가득 찬. ■동사구 faire salle comble '만원을 이루다, 성공을 거두다.'

> "(넬슨) 만델라의 날"을 기리는 (이) 자선 음악회는 토요일 저녁 뉴욕에서 성공을 거두었다.

> (S)Une kyrielle de musiciens, américains et africains pour la plupart, se sont succédés(VPC) sur la scène de la mythique salle art déco du Radio City Hall, en plein cœur de Manhattan, en l'honneur de l'ex-président sud-africain(Ant) (PR)qui (VIMF)fêtait (COD)ses 91 ans.

■kyrielle(n. f.) longue suite de choses. 긴 연속. une kyrielle de…. '한 무리의….' ■se succéder(v. t. et pron.) s'enchaîner, se suivre, se relayer, se remplacer. 차례로 일어나다. ■cœur(n. m.) 중심(부), 한가운데 cœur d'une ville 도시의 중심. ■fêter(v. t.) célébrer une fête. 축하하다, (~을 위한) 축하연을 열다.

대다수 아프리카계와 미국계인 일련의 음악가들이, 맨해튼 중심지에 위치한 라디오 시티 홀의 전설적인 아트-데코 콘서트홀의 무대에서, 남아프리카 공화국 전 대통령의 91세 생일을 경축하기 위해, 차례로 공연했다.

(S)<u>Des figures afro-américaines de la musique</u> <u>ont fait</u>(VPC) (Vinf)<u>vibrer</u> (COD)<u>la foule</u>, comme Stevie Wonder, Aretha Franklin, Gloria Gaynor et Queen Latifah, ou encore le duo entre l'Américain Josh Groban et le sud-africain Sipho Mabuse.

■**vivrer**(v.i. et t.) être très ému. 떨리다, 감동하다. (예: faire vibrer l'âme '심금을 울리다.') ■**foule**(n. f.) grande multitude de personnes. 군중.

스티브 원더, 아를레타 프랭클린, 글로리아 게이너, 퀸 라티파 그리고 미국인 조쉬 글로반과 남아프리카 공화국인 시포 마부즈 듀오 등의 아프리카-미국계의 대표적 음악가들은 관중을 감동시켰다.

Prestation remarquée parmi les autres, celle de la femme du chef de l'Etat français, <u>Carla Bruni-Sarkozy</u>(Ant), (PR)<u>qui</u> <u>a interprété</u>(VPC) (COD)<u>deux chansons</u> en duo avec Dave Stewart, l'ex-Eurythmics, accompagnée de sa guitare et d'une soliste au violon.

■**prestation**(n. f.) action de se produire en public. 공연. ■**accompagner**(v. t.) soutenir par un accompagnement d'instrument musical. (악기로 노래를) 반주하다. ■노래를 하는 주체가 여성이기 때문에 과거분사[accompagnée de sa guitare et d'une soliste au violon]에 'e'를 추가.

다른 (여러) 공연들 중 눈에 띈 공연(은) 유리드믹스의 전 맴버 데이브 스튜어트와 듀오로 (자신의) 기타 연주와 바이올린 솔리스트의 반주에 맞춰 두 곡을 부른 프랑스 영부인 카를라 브루니-사르코지의 무대였다.

(S)L'ancien mannequin(Ant), (PR)dont (SI)c'était(VIMF) la première prestation en public depuis qu'elle(S) (VPC)a épousé (COD)Nicolas Sarkozy, (VPC)a interprété (COD)son titre phare "Quelqu'un m'a dit", (COD)un classique de Bob Dylan, "Blowin' in the wind."

■[c'est la première (prestation)…(depuis) que…] 강조 구문. ■관계종속절[dont… Nicolas Sarkozy]의 선행사는 주어[L'ancien mannequin]. ■épouser(v. t.) prendre pour époux/épouse. 결혼하다. ■phare(n. m.) personne remarquable qui sert de guide. 모범이 되는 사람/것. ■titre phare=titre incontournable '대표곡/흥행곡.'

니콜라 사르코지와 결혼한 뒤 첫 공연 무대에 서게 된 (과거) 패션모델(이었던) 카를라 브루니는 자신의 대표곡인 "Quelqu'un m'a dit"와 밥 딜란의 유명한 곡인 "Blowin' in the wind"를 불렀다.

S'exprimant(Vppr) en anglais, (S)elle a présenté(VPC) (COD)sa chanson comme "une petite chanson française, très bien pour danser(Vinf), et très bien pour rêver(Vinf)."

■s'exprimer(v. pron.) se faire comprendre par la parole. (언어·행동 따위로) 자신의 생각[감정]을 나타내다. ■현재분사구[S'exprimant en anglais]는 후치 문장[elle a présenté…]과 동시성.

그녀는 영어로 "춤추기 그리고 꿈꾸기에 매우 좋은 귀여운 프랑스 노래"(라고) 자신의 노래를 소개했다.

(S)<u>Le duo</u> (VPC)<u>a été applaudi</u>(Vpas) chaleureusement (CAG)<u>par le public</u>, et encore plus (CAG)<u>par le président Sarkozy</u>(Ant), (PR)<u>qui a suivi</u>(VPC) depuis la salle, avec une admiration et une joie non dissimulées, (COD)<u>la prestation de son épouse</u>.

■**applaudir**(v. t.) battre des mains pour marquer son approbation, approuver, encourager. 박수치다. 응원하다. ■**dissimulé**(a.) caché. 감춰진. ■**dissimuler**(v. t. et pron.) ne rien laisser paraître de ce qu'on sait. 숨기다. ■능동태 문장[Le public a applaudi chaleureusement le duo et le président Sarkozy l'a applaudi encore plus chaleureusement que le public]. ■형용사 dissimulées는 앞의 명사 admiration et joie 모두를 수식, s 첨가. ■**non dissimulées**[부정부사(접두사)+부정형용사]=[visible]. '(확연하게) 드러난.' (참고) non solvable, '지불능력이 없는.' non sans motif '이유 있는.'

관중은 이 듀오에게 따뜻한 격려를 보냈다. 그리고 공연장에서 자신의 부인의 공연을 관람했던 사르코지 대통령은 (확연하게) 드러난 기쁨과 존경을 담아 (이 듀오에게) 더 열광적인 박수를 보냈다.

(S)<u>Carla Bruni-Sarkozy</u>(Ant), (PR)<u>qui</u> (VPQP)<u>avait décidé</u> qu'elle(S) ne <u>recommencerait</u>(Vcond) à <u>chanter</u>(Vinf) que lorsque <u>son mari</u>(S) <u>ne</u>(N) <u>serait</u>(Vcond) <u>plus</u>(N) (AS)<u>président</u>, <u>a fait</u>(VPC) (COD)<u>une exception</u> car <u>le concert</u>(S) <u>visait</u>(VIMF) à (Vinf)<u>récolter</u> (COD)<u>des fonds</u> pour la lutte contre le sida, en raison de son engagement dans la lutte contre le sida.

■주절(복합과거)[Carla Bruni-Sarkozy <u>a fait</u> une exception]과 종속절(대과거)[qui <u>avait décidé</u>…]과 이유 종속절(반과거)[car le concert <u>visait</u>…]로 확장된 구조. ■과거의 미래 표현 조건법[recommencerait][serait]. ■부정표현[ne…plus] '더 이상 ~이 아니다.' ■강조표현[ne…que]. ■[<u>pour</u> la lutte <u>contre</u> le sida] 전치사 pour와 contre는 상반된 의미. ■**exception**(n. f.) ce qui n'est pas soumis à la règle. 예외. ■동사구 **faire une** exception '예외적으로 ~하다.' ■viser(v. t.) ambitionner, désirer. 목표하다, 추구하다. ■récolter(v. t.) recueillir. 모금하다. ■fond(n. m.)[au pluriel] somme d'argent. 기금, 자금. ■engagement(n. m.) mise en gage. promesse. 사회/정치 참여. ■sida(n. m.) sigle "Syndrome Immuno-Déficitaire Acquis." 에이즈.

(남편의 대통령 임기 후에나) 다시 (대중 가수로서) 노래를 부르겠다고 결심했던 카를라 브루니-사르코지는 이 콘서트가 에이즈 퇴치 운동을 위해 기금을 모으는 목적이었기 때문에 (그리고) 자신의 사회참여 활동인 에이즈 퇴치 운동 때문에(=자신이 가담하고 있는 에이즈 퇴치 운동을 위해) 예외적으로 공연에 참가했던 것이다.

나. 작문 연습 및 심화 학습

1. 프랑스 영부인은 여성의 암 투쟁에 적극 참가할 것을 공인한다.
   ■la lutte (le cancer de la femme)
2. 위기의 유럽에서 폴란드는 예외적인 모습을 보여준다.
   ■faire figure d'exception
3. 무대에 오른다는 생각에 너무 무서워요.
   ■monter sur scène
4. 본 조비는 베르시에서 파리 관객을 감동시켰다. 2010년 6월 19일 파리에서 미국 록 그룹 본 조비의 단일 콘서트가 열렸다.
   ■faire vibrer (Bon Jovi, à Bercy)
5. 아이티 : 유엔의 호소 후 자선 모금이 시작되다.
   ■récolte de fonds (Haïti, l'ONU)
6. 매년 그래왔던 것처럼 토요일에 엘리자베스 2세 여왕의 명예를 기리기 위한 행진이 이뤄졌다.
   ■en l'honneur de (la parade Trooping the Colour, la reine Elizabeth II)

7. 다음은 영화 〈Huit femmes〉의 광고문입니다. 빈칸에 알맞은 관사를 넣어 보세요. 음성 파일을 듣고 본인이 작성한 본문과 비교해봅시다.

À _____ veille de Noël, _____ maison isolée sous _____ neige, _____ meurtre est commis.

_____ victime est _____ homme.

Reste à chercher _____ assassin parmi _____ autres.

Huit femmes, huit suspectes.

L'_____ entre elles est coupable, laquelle?

8. 다음은 프랑스 여배우 소피 마르소의 인터뷰의 일부입니다. 음성 파일을 들으면서 빈칸을 채우세요.

■La journaliste : Sophie Marceau, bonjour! Merci de nous _____ cette interview.

■Sophie : Je _____ en prie.

■La journaliste : pour la _____ du film "LOL." Alors dans "LOL", vous êtes (une) une mère, un petit peu _____ par une jeune fille _____ qui découvre l'amour, (on va dire). Est-ce que c'est un sujet qui vous _____?

■Sophie: L'amour? ou l'adolescence?

■La journaliste : L'adolescence, (on va dire) l'adolescence!

■Sophie : C'est vrai que, c'est un peu en même temps, tout ça, (on va dire).

C'est très (très, très) débordant. (Oui) Parce que (c'est) c'est la vie de quelqu'un qui soudain s'ouvre _____ (quoi). Elle sort de _____ pour affronter, vraiment (là) d'une façon sérieuse, le monde extérieur.

Donc pour un parent, c'est (c'est) souvent des signes d'inquiétude, de peur et de _____ aussi. Parce qu'on se dit si, est-ce que j'ai bien fait, est-ce que je l'ai préparée à affronter ce monde extérieur.

Il _____ de la vie de quelqu'un, (quoi,) qu'on a fait, qu'on a décidé de faire et de donner. Et soudain on la jette dehors (quoi). Donc c'est un peu (un peu) difficile parfois.

■ La journaliste : D'autant que Anne, le personnage que vous _____ est lui-même en plein changement, en plein divorce, donc en pleine redécouverte···.

leçon 10

"Bienvenue chez les Ch'tis"

10. "Bienvenue chez les Ch'tis"

최대 관객 동원의 기록을 세운 코미디 영화에 관한 텔레비전 뉴스
(2008-10-8 www.m6.fr)

C'est le plus gros succès de l'histoire dans les salles françaises, il pourrait aussi battre des _____ dans votre salon. "Bienvenue chez les Ch'tis" est sorti en DVD avec sa collection de produits dérivés. Le bon _____ des "Biloutes", c'est un sujet de Faride Mamoudi et Ingride Carré avec nos _____ en région.

Après vingt millions d'entrées pour le film, ce DVD "prech'tige" ne devrait pas _____ au succès, lui non plus. Et pour cause il est déjà l'un des plus gros lancements vidéo en France avec _____ d'exemplaires mis en _____ depuis aujourd'hui.

   -"Monsieur, vous allez le regarder _____ de fois ce film?"
   -"Ben, en gros, une fois, deux fois _____ jour, selon le temps."

Depuis la sortie du film, quinze produits _____ sont estampillés "Bienvenue chez les Ch'tis" : de la BD qui retrace les aventures des deux _____ , à la baraque à frites, en _____ par la boite à biscuits et la valise de Philippe : référence à la scène ___ il découvre la ville de Bergues.

   -"L'ancien directeur, il est parti avec, hein."
   -"J'ai des amis à Marseille. Ils vont être fin contents avec tout ça."

Les fans pourront ainsi imiter leurs _____ , car maintenant il y a aussi le jeu : sous forme de plateau il recrée les lieux emblématiques du _____ et la _____ du facteur.

-"Sois le _____ à distribuer tes lettres pour devenir (le) meilleur de facteurs de ch-Nord?"

Pour les férus de jeu vidéo, les Ch'tis sont aussi sur Nintendo DS : les joueurs s'affrontent _____ de concours de tartines de Maroilles.

Au départ Dany Boon avait refusé tout produit dérivé. ("Je veux faire mes courses!") Il s'est finalement _____ à une condition : reverser l'intégralité des royalties à des associations _____ presque toutes du Nord.
Un beau geste de Dany Boon, qui se _____ du jackpot déjà touché : un peu plus d'un million d'euros pour son salaire d'_____ , quatre-vingt-dix mille euros _____ réalisateur, à cela il faut notament ajouter _____ pourcent sur les _____ du film soit environ _____ millions d'euros.

-"Depuis le début de l'aventure, combien ça vous a rapporté tout ce film?"
-"(Combien?) C'est beaucoup de bonheur!"

Du bonheur vous pourrez aussi en retrouver avec ces fèves en porcelaine à l'_____ des personages du film. Ce distributeur d'Aubagne dans le Sud en a fabriqué un _____ . Des Chitis à retrouver dans les galettes des rois ou _____ dans le Maroille?

-"Ch'est bon là!"
-"Ah! C'est aussi fort _____ à l'intérieur!"
-"C'est pour ça qu'on l'trempe dans le café⋯."

가. 문장 분석 및 어휘 연구

■(Ant)선행사, (AO)목적어속사, (AS)주어속사, (CAG)동작주보어, (COD)직접목적보어, (COI)간접목적보어, (N)부정, (PI)의문대명사, (PR)관계대명사, (S)주어, (SI)비인칭주어, (V)동사, (Vaux)조동사, (Vcond)조건법, (VFA)전미래, (VFP)근접미래, (VFS)단순미래, (Vgér)제롱디프, (VIMP)반과거, (Vimpé)명령법, (Vinf)동사원형, (Vpas)수동태, (VPC)복합과거, (Vpp)과거분사, (Vppr)현재분사, (VPQP)대과거, (Vsubj)접속법.

(SI)C'est(V) (AS)le plus gros succès de l'histoire dans les salles françaises, il(S) (Vaux)pourrait(Vcond) aussi (Vinf)battre (COD)des records dans votre salon.

■succès(n. m.) réussite, résultat heureux. 성공. ■최상급[정관사 plus 형용사] ■동사구 battre des records '기록을 갱신하다.' ■두 문장 상황보어 일치[dans les salles françaises]…[dans votre salon].

이(영화)는 프랑스 영화(관) 역사상 가장 큰 성공을 거두었습니다. 이(영화)는 여러분의 거실에서도 신기록을 세울 것입니다.

"Bienvenue chez les Ch'tis"(S) est sorti(VPC) en DVD(AS) avec sa collection de produits dérivés.

■collection(n. f.) 전집. ■dérivé(a.) qui vient de. 파생된.

영화 "Bienvenue chez les Ch'tis"가 다수의 영화 관련 파생상품과 함께 DVD로 출시되었습니다.

Le bon filon des "Biloutes", (SI)c'est(V) (AS)un sujet
de Faride Mamoudi et Ingride Carré avec nos
correspondants en Région.

■filon(n. m.)[sens figuré] source de profits. [구어] (부유해지거나 지위를 높일) 수단,
기회. ■Biloute(영화에 등장하는 프랑스 북부 방언)=gars, type.

"그들의(=영화의 주인공들)" 일확천금의 기회, 이 취재는 그(=프랑스 북부) 지방의
(우리 방송사 소속) 특파원과 함께 파리드 마무디 그리고 잉그리드 카레 기자가
준비했습니다.

Après vingt millions d'entrées pour le film, ce DVD
prestigieux(S) (N)ne (Vaux)devrait(Vcond) (N)pas échapper au
succès, lui non plus.

■prestigieux(a.) qui a du prestige, célèbre, renommé. 유명한. ■échapper(v. i. et
pron.) se soustraire à, éviter. ~을 모면하다, 피하다. ■동사구 échapper au succès
'성공을 놓치다.'

200만 관객 동원을 한 이 영화(의) 매력적인 DVD판은 (영화가 그랬던 것처럼) 성공을
거둘 것입니다.

Et pour cause il(S) est(V) déjà(AS)l'un des plus gros
lancements vidéo en France avec deux millions et demi
d'exemplaires mis en vente depuis aujourd'hui.

■lancement(n. m.) promotion d'un produit nouveau. (신제품·신작 따위의) 발표,
발행. ■접속사 Et pour cause '이유는 말할 필요도 없다, 당연한 일이다.'

당연히 오늘부터 판매 개시된 (이 영화의) 비디오는 2만 5천 부나 팔리면서 이미 (당연하게도) 프랑스에서 출시된 영화 비디오 판매의 가장 좋은 성적 중 하나가 되었습니다.

-"Monsieur, vous(S) allez(Vaux) le(COD) (VFP)regarder(Vinf) combien de fois ce film?"
-"Ben, en gros, une fois, deux fois par jour, selon le temps."

■en gros 대강, 대체로. ■selon le temps 시기, 날씨에 따라. selon le lieu, 장소에 따라. selon les circonstances. 상황에 따라.

-"당신은 몇 번이나 이 영화를 (다시) 보실 겁니까?"
-"(글쎄요) 하루에 한 번이나 두 번 (정도), (그날그날) 시간에 따라서 다르겠죠."

Depuis la sortie du film, quinze produits(S) au total (VPC)sont estampillés(Vpas) "Bienvenue chez les Ch'tis" : de la BD(Ant) (PR)qui retrace(V) (COD)les aventures des deux héros, à la baraque à frites, en passant par la boite à biscuits et la valise de Philippe : référence à la scène où il(S) découvre(V) (COD)la ville de Bergues.

■B. D.(n. f. invar.) abréviation de "bande dessinée." 만화. ■retracer(v. t.) raconter, décrire des choses du passé. 회상시키다. ■aventure(n. f.) ce qui arrive d'imprévu, d'extraordinaire. 모험. ■baraque(n. f.) maisonnette faite de planches. [구어] 허술한 집. ■valise(n. f.) bagage rectangulaire à main. 여행가방.

영화 개봉 후. 전부 15개의 영화 관련 파생상품이 "Bienvenue chez les Ch'tis"라는 (공식) 승인을 받았습니다. 영화 두 주인공의 모험을 회상시켜주는 만화부터, 감자튀김 판매 트럭(까지) 그리고 과자 상자뿐만 아니라 (주인공) 필립이 베르그 (도시)에 도착하는 장면에 나왔던 여행가방도 (영화 관련 파생상품으로) 출시되었습니다.

> -"L'ancien directeur, il(S) est parti(VPC) avec, hein."
> -"(S)J'ai(V) (COD)des amis à Marseille. Ils(S) (Vaux)vont (VFP)être(Vinf) fin (AS)contents avec tout ça,"

■ fin(ad.) complètement, tout à fait. 완전히.

-"전 (우체국)장이 (가구들을) 함께 가지고 떠났어요."
-"전 마르세유에 친구들이 있는데, 그들은 (이 영화 관련 파생) 상품(판매) 때문에 진짜 좋아하겠군요."

> Les fans(S) (Vaux)pourront(VFS) ainsi (Vinf)imiter (COD)leurs héros, car maintenant (SI)il y a(V) aussi le jeu : sous forme de plateau (S)il recrée(V) (COD)les lieux emblématiques du film et la tournée du facteur.

■imiter(v. t.) chercher à reproduire ce qu'un autre fait. prendre pour modèle. 모방하다. ■전치사구 sous forme de '~의 형태로.' ■plateau(n. m.) large plat. plate-forme. 판, 받침대. ■emblématique(a.) représentatif. 상징적인. ■주절[Les fans⋯]과 종속절[car⋯] 그리고 보충절[sous forme de plateau⋯]로 구성.

또한 (이 영화의) 팬들은 영화 주인공 흉내를 낼 수 있습니다. 이젠 (이 영화의) 보드게임 (파생상품)이 있으니까요. 보드 형태로(제작)된 이 게임은 영화의 중요한 장소들과 집배원의 일주를 재현해 놓았습니다.

> -"Sois(Vimpé) (AS)le premier à distribuer(Vinf) (COD)tes lettres pour devenir(Vinf) (le) meilleur(AS) de facteurs de (ch-)Nord?"

■sois 동사 être의 2인칭 명령법. ■(ch-)Nord 영화 "Bienvenue chez les Ch'tis"에 나오는 북부 방언 발음 (ch-) 표시.

Pour les férus de jeu vidéo, les Ch'tis(S) sont(V) aussi sur Nintendo DS : les joueurs(S) s'affrontent(V) lors de concours de tartines de Maroilles.

■féru(a.) passionné(de). mordu[fam]. (학문·취미 따위에) 푹 빠진. ■s'affronter(v. pron.) se mesurer, se combattre. 맞서다, 대결하다. ■lors(ad.) 그때. ■Maroille(n. m.) 영화 "Bienvenue chez les Ch'tis"에서 소개되어 유명해진 프랑스 북부 지방 치즈.

비디오 게임을 좋아하는 팬을 위해서 영화 관련 파생상품이 닌텐도 DS 형태로도 나왔습니다. (비디오 게임 속에서) 게이머들은 마루알 치즈 케이크 대회에서 서로 겨룹니다.

Au départ Dany Boon(S) avait refusé(VPQP) (COD)tout produit dérivé. Il(S) s'est finalement ravisé(VPC) à une condition : reverser(Vinf) (COD)l'intégralité des royalties (COI)à des associations caritatives presque toutes du Nord.

■se raviser(v. pron.) changer d'avis. 생각을 바꾸다. ■intégralité(n. f.) caractère de ce qui est intégral, complet. 전부, 전체. ■royalty ou royaltie, pl. royalties(n. f.) contribution imposée à l'utilisateur d'un procédé. ■reverser(v. t.) verser de nouveau, reporter sur, rapporter de l'argent. (재산·금액을) 옮기다. 재지불하다.

처음에 다니 분은 모든 영화 관련 파생상품(판매)을 거절했었습니다. (하지만) 그는 결국 (다음) 조건을 달고 생각을 바꿨습니다(=영화 관련 파생상품(판매)을 허락했습니다). 대부분 북부 지방의 자선 단체들에게 모든 (영화 관련 파생상품의) 로열티를 기부하는 조건입니다.

Un beau geste de <u>Dany Boon</u>(Ant), (PR)<u>qui se contente</u>(V) (COI)<u>du jackpot</u> déjà touché : un peu plus d'un million d'euros pour son salaire d'acteur, quatre-vingt-dix mille euros en tant que réalisateur, à cela (SI)<u>il faut</u>(V) notament (Vinf)<u>ajouter</u> (COD)<u>neuf pourcent sur les recettes du film</u> soit environ onze millions d'euros.

■jackpot(n. m.) gros lot. 일확천금. ■recette(n. m.) ce qui est reçu en argent, gain, revenu, bénéfice. (영화 따위의) 흥행수입. ■environ(ad.) à peu près. 대략, 약.

(이 자선 단체 기부는) 다니 분의 선행입니다. 그는 이미 (이 영화의 흥행으로) 대단한 금전적 이익을 얻었습니다. 배우로서의 출연료 백만 유로(15억) 남짓과 감독으로서의 봉급 90만 유로(13억 5천) 그리고 여기에 약 천백만 유로(165억)에 해당하는 영화 흥행 수입의 9%를 더해야 합니다.

-"Depuis le début de l'aventure, combien ça(SI) (COI)<u>vous a rapporté</u>(VPC) tout ce film?"
-"(Combien?) (SI)<u>C'est</u>(V) beaucoup de bonheur!"

■다니 분과의 인터뷰. ■rapporter(v. t.) procurer un gain à qn (수익·이득을) 가져다주다.

"이 모험(영화)의 시작부터 (지금까지) 이 영화가 당신에게 얼마나 벌어다 주었나요?(=이 영화로 얼마나 수익을 얻으셨나요?)"
"많은 행복을 벌었습니다!(=이 영화는 내게 큰 행복을 가져다주었습니다)"

Du bonheur <u>vous</u>(S) (Vaux)<u>pourrez</u>(VFS) aussi (COD)<u>en</u> (Vinf)<u>retrouver</u> avec ces fèves en porcelaine à l'effigie des personages du film.

■fève(n. f.) graines. 잠두콩. Fève des Rois(1월 6일 주현절을 기념하여 내놓는 케이크 안에 단 하나 들어 있는 작은 인형).

(이 영화가 주는) 행복은 여러분도 찾을 수 있습니다. 자기로 된 영화 주인공의 형상을 따서 만든 이 (주현절 과자) 인형과 함께 (행복을 찾을 수 있습니다).

Ce distributeur(S) d'Aubagne dans le Sud (COD)en a fabriqué(VPC) (AO)un million.

남불의 오바뉴(소도시)의 한 판매자는 이 (영화 주인공 형상을 딴 주현절) 인형을 백만 개(나) 생산했습니다.

Des Chitis à retrouver(Vinf) dans les galettes des rois ou pourquoi pas dans le Maroille?

■Des Chitis à retrouver (참고) maison à louer '셋집.' ■pourquoi pas '왜 안 됩니까?' '물론이죠.'=[vous pourrez retrouver du bonheur dans le Maroille.]

주현절 과자에 들어 있는 Ch'tis 인형(에서 행복을 찾거나), 혹은 (북부 지방 치즈) 마루왈 안에 들어 있는 Ch'tis 인형(을 찾는 행복) 또한 물론 가능합니다.

-"(SI)Ch'est(V) bon là!"
-"Ah! (SI)C'est(V) aussi fort(AS) une fois à l'intérieur!"
-"(SI)C'est(V) pour ça qu'on(S) (COD)l'trempe(V) dans le café…."

■Ch'est=(C'est) 영화 "Bienvenue chez les Ch'tis"에 나오는 북부 방언 발음(ch-) 표시. ■tremper(v. t.) imprégner, mouiller. (액체에) 담그다. ■[on l'trempe=on le trempe=on trempe le Maroille.]

- "맛있지!"
- "(마루왈 치즈는) 속도 (겉과) 마찬가지로 (맛이) 진한데."
- "그래서 그걸 커피에 적시는 거지."

나. 작문 연습 및 심화 학습

1. 불법 체류자들은 강제추방의 위험을 피하기 위해 자해한다.
   ■ échapper à

2. 사가 <트와일라이트>의 세 주인공은 큰돈을 벌어들였다.
   ■ toucher le jackpot

3. 마지막 순간에 파일럿은 생각을 바꿔 다시 이륙을 시도했다.
   ■ se raviser

4. 시트로엥의 광고는 프랑스 대통령의 작은 키를 참조하고 있다 : "프랑스 영부인처럼 하십시오. 작은 프랑스인(=프랑스 소형차)을 선택하세요."
   ■ faire référence (Citroën)

5. 이스라엘에 사르코지의 형상을 딴 우표!
   ■ à l'effigie de

6. FIFA는 호기를 찾았다. 남아프리카공화국 월드컵은 국제축구연맹에게 천금 같은 기회이다!
   ■ trouver le bon filon

7. 그는 모파상의 소설에 빠져 있다.
   ■ féru de (Maupassant)

8. 제이씨데코는 파리시로부터 벨리브 수익의 35%를 받을 것이다.
   ■ 35% des recettes (JCDecaux, Velib')

9. 잠두콩을 찾으면 행운이 온다.
   ■ trouver la fève

10. 다음은 신체 부위(parties du corp)와 관련된 프랑스어의 비유적
    표현입니다. 정답을 찾은 뒤 해석해 보세요.

 (1) On dirait qu'il s'est levé du pied gauche.
    ① Il a l'air en pleine forme.   ② Il semble être de mauvaise humeur.
    ③ Il a un air décidé.

 (2) Il met les bouchées doubles.
    ① Il accélère son rythme de travail.   ② Il a un appétit féroce.
    ③ Il mange comme un cochon.

 (3) J'ai l'estomac dans les talons.
    ① J'ai très mal à l'estomac.   ② J'ai pris du poids.   ③ J'ai très faim.

 (4) Il n'a pas froid aux yeux.
    ① Il n'est pas frileux.   ② Il porte les lunettes.   ③ Il est arrogant.

 (5) Vous coupez les cheveux en quatre.
    ① Vous poussez le raisonnement trop loin.
    ② Vous pourriez être un peu plus généreux.
    ③ Vous vous faites du souci pour rien.

 (6) Ça coûte les yeux de la tête.
    ① Ça ne vaut pas grand chose.   ② C'est hors de prix.
    ③ C'est mauvais pour la vue.

 (7) Elle lui a mis le couteau sous la gorge.
    ① Elle a tenté de le tuer.   ② Elle l'a obligé à faire ce qu'elle voulait.
    ③ Elle lui a imposé le silence.

 (8) Ils sont trempés jusqu'aux os.
    ① Ils sont tout ruisselants de pluie.   ② Ils se sont mis dans une sale affaire.
    ③ Rien ne peut plus les surprendre.

(9) Vous pouvez dormir sur vos deux oreilles.

① Vous n'allez plus fermer l'œil!   ② Soyez tranquille! Il ne se passera rien.

③ Je n'ai jamais vu d'oreilles aussi grandes que les vôtres.

(10) J'ai la langue qui a fourché.

① J'ai mal à la langue   ② Je viens de dire des bêtises

③ J'ai mordu la langue.

(11) Il a une idée derrière la tête.

① Il ne pense jamais à rien.   ② Il a un projet qu'on ne connaît pas encore.

③ Son idée est absurde.

(12) Elle a un cheveu sur la langue.

① Elle a un petit défaut de prononciation.   ② Elle parle peu.

③ Il ne faut pas croire tout ce qu'elle dit.

(13) Il me donne un coup de main.

① Il me frappe.   ② Il m'aide.   ③ Il me gifle.

(14) Il s'est mis le droigt dans l'oeil.

① Il s'est trompé.   ② Il s'est fait mal à l'oeil.

③ Il a commencé à avoir mal aux yeux.

(15) Vous voulez bien jeter un coup d'oeil.

① Vous voulez regarder furtivement.

② Vous voulez appeler un médecin pour examiner les yeux.

③ Vous voulez regarder atttentivement.

(16) Il a le gros coeur.

① Il est en plein forme.   ② Il est triste.   ③ Il a mal au coeur.

(17) Elle travaille comme un pied.

① Elle est malhabile.   ② Elle est sérieuse.   ③ Elle est sportive.

(18) Il casse du sucre dans le dos de tout le monde.

    ① Il est fabricant de sucre.   ② Il adore tout le monde.

    ③ Il critique sans arrêt.

(19) Il a le bras long.

    ① Il a beaucoup de relations.   ② Il est doué au sport.   ③ Il est séducteur.

(20) Il est à poil.

    ① Il est nu.   ② Il a beacoup de poils.   ③ Il est chauve.

leçon 11

La tendance Sushi

11. La tendance Sushi

프랑스에서 선풍적인 인기를 얻고 있는 일본 식당에 관한 텔레비전 뉴스
(2009-4-8 www.m6.fr)

Plus d'un _____ de restaurants japonais en France. La tendance sushi est en plein _____! Après Paris, elle gagne la Province et débarque _____ le Vieux Port à Marseille. Alors, les sushis vont-ils _____ la bouillabaisse? Reportage : Bruno de Gotmar.

Ils sont une _____ de restaurants japonais qui ont ouvert ces _____ mois à Marseille. Sur le Vieux Port ils ont parfois remplacé les établissements de cuisine _____. Ici, "L'oursin", qui proposait fruits de mer, (et qui) a laissé sa _____ au "Yoshi", qui découpe saumons crus et crevettes. Les Marseillais se _____ .

-"(Dans) la bouillabaisse, vous pouvez mettre _____ quel poisson dedans, vous pouvez faire la bouillabaisse avec pas _____ , et alors que le sushi (bon ben) il faut du thon qui _____ parfait et le saumon parfait. Voilà."
-"C'est une nourriture très saine et c'est vraiment très très frais."

_____ l'huile d'olive et le poisson grillé. Les clients recherchent le dépaysement et la fraîcheur et l'image diététique qui est _____ à cette cuisine crue et sans gras. Le sushi est adopté et il est même en train de prendre _____ marseillais.

-"On travaille aussi les poissons de méditerranée comme, la daurade ou, l'oursin que nous achetons directement, (directement) ici chez les locaux."

Et les pêcheurs locaux, eux aussi, ils se mettent au sushi
_____ jusqu'à faire goûter leur poisson cru sur le marché de la criée.

Alors la bouillabaisse et les soupes de poissons ont-elles vraiment du _____ à se faire? "La soupe de sushi", une vraie _____ marseillaise : mélange des recettes et métissage des cultures.

가. 문장 분석 및 어휘 연구

■(Ant)선행사, (AO)목적어속사, (AS)주어속사, (CAG)동작주보어, (COD)직접목적보어, (COI)간접목적보어, (N)부정, (PI)의문대명사, (PR)관계대명사, (S)주어, (SI)비인칭주어, (V)동사, (Vaux)조동사, (Vcond)조건법, (VFA)전미래, (VFP)근접미래, (VFS)단순미래, (Vgér)제롱디프, (VIMP)반과거, (Vimpé)명령법, (Vinf)동사원형, (Vpas)수동태, (VPC)복합과거, (Vpp)과거분사, (Vppr)현재분사, (VPQP)대과거, (Vsubj)접속법.

Plus d'un millier de restaurants japonais en France. <u>La tendance sushi</u>(S) <u>est</u>(V) (AS)<u>en plein boum</u>!

■boum(ou anglais: boom)(n. m.) hausse subite des cours de valeurs ou de marchandises. 대성공, 붐. ■tendance(n. f.) penchant, inclination, disposition. 경향, 추세, 동향.

프랑스에는 천 개가 넘는 일본 식당(이 성업 중입니다). 스시의 유행은 최고점에 달했습니다.

Après Paris, <u>elle</u>(S) <u>gagne</u>(V) (COD)<u>la Province</u> et <u>débarque</u>(V) sur le Vieux Port à Marseille.

■**gagner**(v. t. et i.) atteindre, progresser. gagner du terrain. (장소에) 도착하다, 다다르다. ■**débarquer**(v. t. et i.) sortir d'un bateau. arriver. 하선하다, 상륙하다.

스시의 유행은 파리를 넘어 지방까지 점령하면서 마르세유의 '구항구'에 상륙했습니다.

Alors, <u>les sushis</u>(S) (VFP)<u>vont-ils</u>(S) (Vinf)<u>détrôner</u> (COD)<u>la bouillabaisse</u>? Reportage : Bruno de Gotmar.

■**détrôner**(v. t.) déposséder du trône. 왕위를 박탈하다, 대신하다. ■**bouillabaisse**(n. f.) mets provençal composé de poissons cuits dans un court-bouillon. 지중해식 생선스튜. ■일반 명사 주어 les sushis 대신한 대명사 주어 ils로 주어와 동사 도치(복합 도치 의문문). ■(참고) 주어가 대명사일 경우 단순 도치(Partons-nous?)를 하는 반면 명사 주어인 경우 복합 도치(Ce café est-il bon?)를 한다.

그렇다면 스시는 부야베스의 왕좌를 빼앗을까요? (이) 취재는 부뤼노 드고드마르(기자)가 준비했습니다.

<u>Ils</u>(S) <u>sont</u>(V) (AS)<u>une douzaine de restaurants japonais</u>(Ant) (PR)<u>qui ont ouvert</u>(VPC) ces derniers mois à Marseille. Sur le Vieux Port <u>ils</u>(S) <u>ont</u>(Vaux) parfois <u>remplacé</u>(VPC) (COD)<u>les établissements de cuisine provençale</u>.

■**ouvrir**(v. t. i. et pron.) commencer. 개점하다, 영업하다. ■**dernier**(a. et n. c.) qui vient après tous les autres. 최후의, 최신의. ■빈도 부사 **parfois** 조동사와 과거분사 사이 위치. ■**établissement**(n. m.) magasin, comptoir, commerce. 사업소, 상점. 여기서는 식당 restaurants을 의미. ■**provençal**(a.) de Provence. 프로방스의.

최근 몇 달 동안 마르세유에서 문을 연 일본 식당은 약 12개 정도 됩니다. (마르세유의) 구항구 지역에서 (이) 일본 식당들은 (몇몇) 프로방스 지방 요리 식당들을 대체했습니다.

Ici, (S)"L'oursin"(Ant), (PR)qui (VIMF)proposait (COD)fruits de mer, (et qui) (VPC)a laissé (COD)sa place (COI)au "Yoshi"(Ant), (PR)qui découpe(V) (COD)saumons crus et crevettes. Les Marseillais(S) se régalent(V).

■découper(v. t.) couper par morceaux. 자르다. ■cru(a.) qui n'est pas cuit. 익히지 않은, 날것의. ■se régaler(v. pron.) aimer beaucoup ce que l'on mange ou boit. 맛있는 것을 먹다, (~을) 즐기다. ■[Ici, "l'oursin" proposait fruits de mer et il a laissé sa place au "Yoshi."] ■[Le "Yoshi" a remplacé "l'oursin" et il découpe saumons crus et crevettes.]

여기 해산물을 제공하던 "L'oursin(성게)" (프로방스 요리)식당은 "le Yoshi"라는 일본 식당으로 바뀌었고, (이제 이 식당에서는) 익히지 않은 연어와 새우를 자르고 있습니다. 마르세유 사람들은 (스시를) 즐기고 있습니다.

-"(Dans) la bouillabaisse, (S)vous (Vaux)pouvez (Vinf)mettre (COD)n'importe quel poisson dedans, (S)vous (Vaux)pouvez (Vinf)faire (COD)la bouillabaisse avec pas grand-chose, et alors que le sushi (bon ben) il(SI) faut(V) du thon(Ant) (PR)qui soit(Vsubj) (AS)parfait et le saumon parfait (Voilà)."

■마르세유의 한 일식 식당 손님의 인터뷰. ■importer(v. impers.) être important. 중요하다. ■n'importe=cela n'a pas d'importance, quel que ce soit. '중요하지 않은.' ■grand-chose(pron. indéf. n. invariable), pas grand-chose=sans grande valeur. (pas 또는 sans과 함께) 대수로운 것. (참고) Cela ne vaut pas grand-chose. '그것은 별것이 아니다.' ■[(pour faire 생략) le sushi il faut du thon qui soit parfait] 접속법.

"부야베스에는 아무 생선이나 넣으면 됩니다. 즉 별것 없이도 부야베스를 만들 수 있지요. 하지만 스시(를 만들기 위해서)는 완벽한 참치 그리고 완벽한 연어가 필요하죠."

-"_(SI)_C'est_(V)_ _(AS)_une nourriture très saine et _(SI)_c'est_(V)_ vraiment très très _(AS)_frais."

■다른 여성 손님의 인터뷰. ■sain(a.) bon pour la santé, bienfaisant, diététique, équilibré. 건강한, 건강에 좋은. ■frais(a.) qui a encore tout son éclat, pur, sain. 싱싱한, 신선한.

"이것(=스시)은 매우 건강식이고, 이것(=스시)은 정말 진짜 싱싱해요."

Adieu l'huile d'olive et le poisson grillé. Les clients_(S)_ recherchent_(V)_ _(COD)_le dépaysement et la fraîcheur et l'image diététique_(Ant)_ _(PR)_qui est_(V)_ _(AS)_attaché à cette cuisine crue et sans gras.

■adieu(interj. et n. m.) formule proférée lorsqu'on se quitte. séparation. 안녕, 고별. (참고) dire bonjour, dire au revoir. ■두 명사군[l'huile d'olive] [le poisson grillé]은 감탄사 Adieu의 대상(호격). ■griller(v. t. et i.) rôtir sur le gril. 석쇠로 굽다, 볶다. ■dépaysement(n. m.) changement agréable d'habitude. 환경의 변화. ■diététique(a.) relatif à la diète, sain. 식이요법의. ■attaché(a.) associé. 관련된. ■gras(n. m.) la partie grasse d'un morceau de viande. 지방으로 이루어진.

올리브기름과 구운 생선과는 작별(입니다). 고객들은 (스시의) 이국적 느낌과 싱싱함을 선호합니다. 그리고 익히지 않고 지방이 없는 이 음식이 가진 건강식이라는 이미지를 선호합니다.

Le sushi_(S)_ est adopté_(Vpas)_ et il_(S)_ est_(V)_ même en train de _(Vinf)_prendre _(COD)_l'accent marseillais.

■**adopter**(v. t.) choisir de préférence, chérir. 채택하다. ■**accent**(n. m.) inflexions particulières à une nation, aux habitants de certaines provinces. (한 지방의 특수한) 발음법, 억양. parler avec l'accent. ■**prendre l'accent** '억양을 가지다.' 비유적 표현으로 마르세유 지역적 특성(스시의 재료로 사용되는 지중해 생선)을 가진다는 의미이다.

스시는 (마르세유 사람들에게) 사랑받고 있으며, (스시는) 마르세유의 억양(지역적 특징)까지 얻는 중입니다.

-"On(S) travaille(V) aussi (COD)les poissons de méditerranée(Ant) comme, la daurade ou, l'oursin (PR)que nous(S) achetons(V) directement, ici chez les locaux."

■일식당 주인의 인터뷰. ■인칭대명사 On은 nous 대신 사용. ■**travailler**(v. t. et i.) façonner, faire un ouvrage. 가공하다, 세공하다. ■**daurade**(n. f.) poisson de la famille des sparidés. (도미의 한 종류) 만새기. ■**oursin**(n. m.) genre d'échinoderme au corps globuleux et couvert de piquants. 성게. ■**local**(a.) qui a rapport à un lieu. régional. 지방의, 지역의. ■**chez les locaux**=chez les pêcheurs locaux (de Marseille).

"우리는 만새기나 성게 같은 지중해 생선도 (스시 재료로) 다룹니다. 우리는 이 생선들을 이곳 지역 어부들에게 직접 구입합니다."

Et les pêcheurs locaux, eux aussi, ils(S) se mettent(V) (COI)au sushi (Vppr)allant jusqu'à (Vinf)faire (Vinf)goûter (COD)leur poisson cru sur le marché de la criée.

■**se mettre**(v. pron.) entamer, se lancer. 착수하다, 시작하다. ■**criée**(n. f.) vente publique aux enchères. 공매, 경매. ■삽입구[eux aussi]는 주어를 강조하기 위해 사용.

그리고 지역 어부들, 그들 또한, 경매시장에서 날 생선을 맛보게 하면서까지 하면서 스시를 (팔기) 시작합니다.

> Alors la bouillabaisse et les soupes de poissons (V)<u>ont-elles</u>(S) vraiment (COD)<u>du souci</u> à (Vinf)<u>se faire</u>?

■**souci**(n. m.) préoccupation accompagnée d'inquiétude. 걱정. ■**avoir du souci, se faire du souci** '걱정하다.' ■명사가 주어인 의문문(이중 도치 구문).

그러면 부야베스와 생선수프는 정말 (스시 유행을) 우려해야 할까요?

> "La soupe de sushi", une vraie spécialité marseillaise : mélange des recettes et métissage des cultures.

■**mélange**(n. m.) action de mêler. mixture, fusion. 혼합. ■**recette**(n. f.) formule pour préparer qc. 요리법. ■**métissage**(n. m.) action de croiser deux races, deux variétés différentes. 혼혈, 수용.

"스시의 수프" 이것은 마르세유의 진정한 특산품입니다. 요리법의 혼합이며 문화의 수용인 것입니다.

나. 작문 연습 및 심화 학습

1. 천 명이 넘는 사상자와 매우 많은 실종자.
   ■Plus de (un millier de)
2. 유기농 화장품 시장은 최고점에 달해 있다.
   ■être en boom (cosmétique bio)

3. 부모님께서는 내 미래에 대해 심려하신다.
   ■se faire des soucis

4. 공무원들은 내일부터 파업을 시작할 것이다.
   ■se mettre en grève

5. <아바타>는 흥행 기록을 경신하면서 <타이타닉>의 왕좌를 **빼앗을** 것인가?
   ■détrôner (Avatar, Titanic)

6. 마르세유의 택시들이 영어 억양을 가진다-택시 운전자들은 첫 영어 수업을 들었다.
   ■prendre l'accent anglais (chauffeurs de taxis)

7. 텔레비전이 아이폰에 상륙한다. Orange와 SFR는 수십 개의 채널을 아이폰에 송신받을 수 있는 서비스를 제안한다.
   ■débarquer sur(plusieurs dizaines de chaînes, iPhone) ■(참고) Orange(la société France Telecom/Orange), SFR(Société française de radiotéléphonie) : 프랑스의 대표적인 유무선통신사(société/opérateur de télécommunication français).

8. 별것 아닌 것에 큰 소란.
   ■grand-chose

9. 밑줄 친 동사를 접속법(subjonctif)으로 활용하여 완성시킨 후 한국어로 번역해 봅시다.

   (1) J'aime mieux qu'il (venir) _____.

   (2) Elle n'approuve pas qu'il (avoir) _____ cette attitude.

   (3) On attend que ça (être) _____ fini.

   (4) Il a envie que vous (restier) _____ ici.

   (5) Je crains qu'il ne (partir) _____ pas.

   (6) Il défend qu'on (sortir) _____.

   (7) Je veux qu'on le (tenir) _____ au courant.

(8) Vous pouvez faire une promenade à condition que vous (être) _____ à l'heure pour le repas.

(9) J'irai chez vous à moins que vous ne (sortir) _____.

(10) Il faut refaire jusqu'à ce que nous (être) _____ contents du résultat.

(11) Qu'il (avoir) _____ réussi me réjouit beaucoup.

(12) Il n'a rencontré personne qui (savoir) _____ le renseigner.

(13) L'entreprise cherche un responsable qui (prendre) _____ en charge le secteur.

(14) C'est le plus grand spécialiste que je (connaître) _____.

(15) Il nous a fait goûter le meilleur vin qu'il (avoir) _____ dans sa cave.

(16) C'est le seul ami qui (savoir) _____ parler ruisse.

(17) On aime qu'il (faire) _____ rire.

(18) Il faut que vous (savoir) _____.

10. 괄호 안의 동사를 접속법(subjonctif) 형태로 활용하여 넣고 빈칸에 알맞은 한정사(관사, 지시형용사, 부정형용사 등)를 적어 봅시다. 완성한 지문을 한국어로 해석해 보세요.

(1) Pourquoi ____ poules pondent ____ oeufs? Pour que ____ oeufs (faire)_____ des poules.

(2) Pourquoi ___ amoureux s'embrassent? C'est pour que les pigeons roucoulent.

(3) Pourquoi ___ jolies fleurs se fanent? Parce que ça fait partie du charme.

(4) Pourquoi ___ diable et _____ bon Dieu? C'est pour faire parler les curieux.

(5) Pourquoi ___ feu brûle ___ bois? C'est pour bien réchauffer nos corps.

(6) Pourquoi ____ mer se retire? C'est pour qu'on lui (dire)_____ encore.

(7) Pourquoi ____ soleil disparaît? Pour l'autre partie du décor.

(8) Pourquoi ____ loup mange ____ agneau? Parce qu'il faut bien se nourrir.

(9) Pourquoi ____ lièvre et ___ tortue? Parce que rien ne sert de courir.

(10) Pourquoi ____ anges ont-ils ____ ailes? Pour nous faire croire au Père Noël.

(11) Ça t'a plu, _____ petit voyage? Ah oui, beaucoup.

(12) On a vu ____ belles choses, eh? J'aurais bien voulou voir les sauterelles!

(13) Sauterelles, pourquoi des sauterelles? Et _____ libellules aussi.

(14) À ____ prochaine fois, d'accord? D'accord.

(15) Je peux te demander _____ chose? Quoi encore?

(16) On continue mais _____ fois-ci, c'est toi qui chantes.

(17) Pas ____ question! S'il te plaît. Non, mais non!

(18) Allez, c'est ____ dernier couplet. Tu ne crois pas que tu pousses ____ peu ____ bouchon.

(19) Pourquoi notre coeur fait tic-tac? Parce que _____ pluie fait flic flac.

(20) Pourquoi _____ temps passe si vite? Parce que _____ vent lui rend visite.

(21) Pourquoi tu me prends par ____ main? Parce qu'avec toi je suis bien.

leçon 12
Météo

12. Météo

시청자와 대화하듯 구성된 텔레비전 일기예보
(2007-9-18 www.tf1.fr)

Madame, monsieur, bonjour. Petite balade du côté de Montpellier aujourd'hui, sur la place de la Comédie. Il y fait un temps _____ comme vous pouvez le voir. Il faisait déjà très doux d'ailleurs ce matin, _____ degrés. Alors que vous n'aviez pas plus de _____ degrés du côté de Mulhouse ou dans les collines normandes, _____ degrés à St-Étienne et à Nevers.

Mais aujourd'hui il y a du _____ pour tout le monde. Merci qui? Merci l'anticyclone. Regardez! Il est énorme! Alors, ça n'empêche pas ce qu'on appelle les phénomènes de basses couches, _____ des nuages bas. On les voit ici par _____ sur la France. Mais ils vont s'estomper. C'est déjà fait pratiquement _____ . Et cet après-midi on les remplacera _____ quelques jolies cumulus, de l'Artois jusqu'à l'Alsace. Il y aura beaucoup _____ de nuages de la Normandie jusqu'au Centre. Quelques-uns vont se _____ aussi sur les Alpes ou sur les Pyrénées. Sinon c'est vraiment beaucoup de soleil pour tout le monde, avec un tout petit peu de vent d'_____ sur la Méditerranée.

Alors, les températures, pour cet après-midi, elles sont en _____ avec ce soleil. Le minimun (ce) sera pour Langres avec _____ degrés. On ira jusqu'à _____ degrés (aussi bien) pour Nîmes (que du côté de Nîmes ou de Montpellier), _____ prévus à Montpellier, _____ aussi pour Ajaccio, _____ à Perpignan, _____ pour Bordeaux, _____ pour La Rochelle, _____ (à) Paris, _____ pour Lille.

Alors, pour demain matin, (ben voilà) ce sera toujours un temps très _____ , avec soit des plaques de nuages bas, voire quelque _____ notamment dans le val de Saône comme ce matin. Et puis quelques entrées maritimes, donc pas mal de _____ sur le Languedoc. Dans l'après-midi, tout ceci va s'estomper rapidement d'ailleurs, dans la _____ , même sur les côtes normandes. Donc comme aujourd'hui quelques jolis petits cumulus, peut-être un petit peu plus vers l'Artois, vers les Alpes.

가. 문장 분석 및 어휘 연구

■(Ant)선행사, (AO)목적어속사, (AS)주어속사, (CAG)동작주보어, (COD)직접목적보어, (COI)간접목적보어, (N)부정, (PI)의문대명사, (PR)관계대명사, (S)주어, (SI)비인칭주어, (V)동사, (Vaux)조동사, (Vcond)조건법, (VFA)전미래, (VFP)근접미래, (VFS)단순미래, (Vgér)제롱디프, (VIMP)반과거, (Vimpé)명령법, (Vinf)동사원형, (Vpas)수동태, (VPC)복합과거, (Vpp)과거분사, (Vppr)현재분사, (VPQP)대과거, (Vsubj)접속법.

Madame, monsieur, bonjour. Petite balade du côté de Montpellier aujourd'hui, sur la place de la Comédie. $\underline{Il}_{(SI)}$ y $\underline{fait}_{(V)}$ $_{(AS)}\underline{un \ temps \ magnifique}$ comme $\underline{vous}_{(S)}$ $\underline{pouvez}_{(V)}$ $\underline{le}_{(COD)}$ $\underline{voir}_{(Vinf)}$.

■balade(n. f.)[fam.] promenade. 산책. ■전치사구 du côté de. '~쪽에, 의 가까이에.' ■magnifique(a.) qui donne l'idée de la splendeur. 매우 아름다운. ■중성대명사 le는 앞 문장 전체[Il fait un temps magnifique à Montpellier]. ■날씨 나타내는 동사 faire는 전환된 비인칭동사 3인칭 단수 il만 주어.

안녕하세요. (시청자 여러분). 오늘은 몽펠리에 코미디 극장으로 잠깐 산책을 나왔습니다. 여러분이 보시는 것처럼 (몽펠리에는 지금) 날씨가 매우 좋습니다.

Il(SI) faisait(VIMF) déjà très doux d'ailleurs ce matin, quinze degrés. Alors que vous(S) (N)n'aviez(VIMF) (N)pas (COD)plus de quatre degrés du côté de Mulhouse ou dans les collines normandes, (COD)six degrés à St-Étienne et à Nevers.

■degré(n. m.) chacune des divisions d'un instrument gradué. 도. (참고) degré Celsius 섭씨(의) 온도/degré Fahrenheit 화씨(의) 온도. ■오전의 날씨를 나타내기 때문에 과거의 진행 사건을 묘사하는 반과거[faisait] 시제.

(몽펠리에는) 오늘 아침에도 이미 15도로 아주 온화한 날씨였습니다. 반면 (오늘 아침에) 밀루즈와 노르망디 구릉지역은 4도를 넘지 못했고, 니베르와 셍테티엔도 (오늘 아침 기온이) 6도를 넘지 못했습니다.

Mais aujourd'hui (SI)il y a(V) (COD)du soleil pour tout le monde. Merci (PI)qui? Merci l'anticyclone. (Vimpé)Regardez! Il(S) est(V) (AS)énorme!

■anticyclone(n. m.) foyer de hautes pressions atmosphériques. 고기압(권). (참고) cyclone(n. m.) 저기압. ■énorme (a.) démesuré, très gros. 거대한. ■[Pourquoi y a-t-il du soleil partout en France? Parce qu'il y a un grand anticyclone.]

(그런데) 오늘은 전국에 햇살이 가득합니다. 누구 덕분에? (바로) 고기압 덕분입니다. (여기) 보세요! 거대한 고기압입니다.

(Alors) ça(SI) (N)n'empêche(V) (N)pas (COD)de nuages bas (Ant)ce (PR)qu'on(S) appelle(V) (COD)les phénomènes de basses couches, à savoir des nuages bas. On(S) (COD)les voit(V) ici par bribes sur la France.

■종속절 [ce qu'on appelle les phénomènes de basses couches] ■부사구 à savoir. '환언하자면.' ■bribe(n. f.) morceau. fragment. 조각. ■부사구 par bribes. 단편적으로.

하지만 (이 고기압도) (우리가) 하층운(下層雲)이라 부르는 구름층이 낮게 깔리는 현상을 막지는 못합니다. 여기 프랑스 (전역)에 단편적으로 (펼쳐진) 구름 조각들이 보입니다.

Mais ils(S) vont(VFP) s'estomper(Vinf). (SI)C'est(Vaux) déjà fait(Vpas) pratiquement partout.

■s'estomper(v. t. et pron.) devenir flou, s'effacer progressivement. 희미해지다. ■pratiquement(ad.) concrètement. en réalité. 사실상, 거의. ■partout(ad.) en tous lieux. 사방에, 어디든지.

하지만 이 구름들은 흩어질 것입니다. 이미 도처에서 (구름이) 사라졌습니다.

Et cet après-midi on(S) (COD)les remplacera(VFS) par quelques jolies cumulus, de l'Artois jusqu'à l'Alsace.

■cumulus(n. m.) terme désignant des nuages qui sont en forme de dôme. 뭉게구름, 적운. ■타동사 remplacer A par B는 'A를 B로 대신하다.'

오늘 오후에는 아르투와에서 알자스까지 (하층운下層雲을 대신해서) 적운(積雲, 뭉게구름)이 나타날 것입니다.

Il(SI) y aura(VFS) (COD)<u>beaucoup moins de nuages</u> de la Normandie jusqu'au Centre. <u>Quelques-uns</u>(S) <u>vont</u>(V) <u>se former</u>(Vinf) aussi sur les Alpes ou sur les Pyrénées.

■quelques-uns=plusieurs, un petit nombre. 몇몇.

(오후에는) 노르망디에서 성트르까지 구름들이 훨씬 줄어들 것입니다. 피레네와 알프스(산맥)에서도 적은 (양의) 구름(만)이 형성될 것입니다.

Sinon (SI)c'<u>est</u>(V) vraiment (AS)<u>beaucoup de soleil</u> pour tout le monde, avec un tout petit peu de vent d'est sur la Méditerranée.

■sinon(conj.) excepté, sauf. (~을) 제외하고는. ■vent(n. m.) air en mouvement dans une certaine direction. air agité. 바람.

그 이외의 지역에서는 정말 많은 태양이 (모두를 위해 골고루) 비춥니다. 지중해 쪽에서는 동풍이 조금 불 것입니다.

Les températures, pour cet après-midi, (S)<u>elles sont</u>(V) (AS)<u>en hausse</u> avec ce soleil. (S)<u>Le minimun sera</u>(VFS) pour Langres avec dix-huit degrés.

■hausse(n. f.) action de s'accroître en hauteur. 상승. ■동사구 être en hausse '상승하다' ↔ être en baisse '하락하다.'

오늘 오후 온도는 햇빛 때문에 많이 오를 예정입니다. 가장 낮은 낮 최고 기온으로는 랑그르에서 18도가 예상됩니다.

On(S) (VFS)ira jusqu'à vingt-huit degrés (aussi bien) pour Nîmes (que du côté de Nîmes ou de Montpellier), vingt-sept prévus à Montpellier, vingt-huit aussi pour Ajaccio, vingt-six à Perpignan, vingt-cinq pour Bordeaux, vingt-trois pour La Rochelle, vingt-et-un (à) Paris, vingt pour Lille.

■**prévoir**(v. t.) se représenter par avance ce qui doit arriver. envisager. 예고하다. ■지역마다 다른 오후의 예상 온도를 열거하기 위해 주어와 동사를 생략하고 숫자와 지명만을 나열한 구조이다. 다음과 같은 다양한 형태의 문장으로 환원할 수 있다. ■[On a prévu 27 degrés à Montpellier.] ■[Il fera 28 degrés à Ajaccio.] ■[La température maximale de Perpignan sera 26 degrés.] ■[Nous prévoyons 25 degrés pour Bordeaux.] ■[Il va faire 23 degrés à La Rochelle.] ■[On prévoit 21 degrés à Paris.] ■[La température la plus haute sera 20 degrés à Lille.]

그리고 님(그리고 님 근처와 몽펠리에 근방)에는 (낮 최고 기온이) 28도까지 올라갈 것입니다. (아니) 몽펠리에는 27도가 예상되고, 아작시오는 28도가 예상됩니다. 페르피냥은 26도, 보르도는 25도, 라로셀은 23도의 낮 최고 기온이 예상됩니다. 그리고 파리에는 21도, 릴에는 20도의 최고 기온이 예상됩니다.

Pour demain matin, (ben voilà) ce(SI) sera(VFS) toujours (AS)un temps très calme, avec soit des plaques de nuages bas, voire quelque brouillard notamment dans le val de Saône comme ce matin.

■**plaque**(n. f.) tablette, planche. 판. ■**brouillard**(n. m.) sorte de nuage qui flotte près du sol. 안개. ■**val**(n. m.) vallée. espace entre deux montagnes. 계곡. le Val de Loire (région).

Et puis quelques entrées maritimes, donc pas(N) mal de grisaille sur le Languedoc.

■(참고) 기상용어 **entrées maritimes**(=arrivée sur la côte d'air marin, dans les basses couches) 해풍전선(海風前線) 소나기, 돌풍, 기온 하강 등을 가져오는 해풍과 육지 안의 따뜻한 바람 간의 경계에 생기는 전선. ■**maritime**(a.) qui a rapport à la mer, situé près de la mer. 해안의, 바다의 영향을 받는. ■**grisaille**(n. f.) caractère de ce qui est triste, monotone. (회색의) 먹구름 낀 날씨. ■[Et puis il y aura quelques entrées maritimes, donc il y aura pas mal de grisaille sur le Languedoc.] ■수량표현 [pas mal de grisaille]=[beaucoup de grisaille].

그 후에는 해풍이 불어 랑그도크 지방에 먹구름을 가져올 것입니다.

Dans l'après-midi, tout ceci(SI) va(VFP) s'estomper(Vinf) rapidement d'ailleurs, dans la matinée même sur les côtes normandes.

■**matinée**(n. f.) la partie du matin qui va du lever du jour à midi. 아침나절, 오전 중.

(내일) 오후에는 흐린 날씨가 개일 것입니다. 특히 노르망디 쪽에서는 아침이면 이미 먹구름이 사라질 것입니다.

Donc comme aujourd'hui quelques jolis petits cumulus, peut-être un petit peu plus vers l'Artois, vers les Alpes.

■chaîne(n. f.) chaîne de montagnes. 산맥. ■averse(n. f.) pluie subite et abondante.
소나기, 폭우.

그 결과, (내일도) 오늘처럼 작은 뭉게구름들이 생길 것입니다. 아마 아르투와와 알프스
산맥 쪽에 조금 더 많은 작은 뭉게구름들이 생길 것입니다.

나. 작문 연습 및 심화 학습

1. 내일 아침 온도는 약간 오를 것입니다.
   ■être en hausse

2. 오후 끝 무렵에 피레네 산맥 쪽에서(부터) 폭풍우가 형성되기 시작할
   것이다.
   ■se former (orages)

3. 오후에는 노르망디와 브르타뉴 지역에 소나기가 올 가능성이 있다.
   ■averse

4. 올리브기름이 버터를 대신할 수 있을까?
   ■remplacer…par

5. 기억이 파편적으로 떠오른다.
   ■par bribes (mémoire)

6. 평화의 희망이 점점 사라져 간다.
   ■s'estomper (espoirs de paix)

7. 성트르 지방에 오늘 밤 비가 내릴 것이다.
   ■la pluie (région du Centre)

8. 다음 지문은 겨울의 일기예보(Météo-hiver)입니다. 음성 파일을 듣고
   빈칸을 채워 보세요.

   Bonsoir, après ce week-end relativement _____ , la nuit prochaine, la journée
   de demain _____ plutôt agîtées avec la neige annoncée par Météo-France
   qui _____ bien évidemment _____ .

Une vigilance orange _____ donc pour la soirée, pour la nuit et pour demain avec la neige qui va tomber. Du Centre, des Pays de la Loire, et des Deux-Sèvres vers la Bourgogne, vers le Nord-pas-de-calais, l'ensemble de ces départements, _____ départements _____ seront en vigilance orange. Avec, _____ , la nuit prochaine, la neige qui va tomber plutôt dans les régions du Centre qui va basculer ensuite vers le Nord.

Et justement voici la _____ des événements. Puisque demain matin on retrouvera la neige, des Ardennes, des frontières du Nord, en _____ jusqu'au Pays de la Loire. D'ailleurs au sud de la Loire, ce _____ être des pluies _____ , en tout cas situation compliquée, surtout en terme de _____ . Donc de la neige qui pourrait _____ au sol entre _____ et _____ centimètres attendus.

Dans le reste de la _____ ce sera plutôt de la pluie : une pluie qui va arriver d'ailleurs par la suite sur le sol _____ . Donc normalement cette neige ne devrait pas _____ , du Nord en descendant jusqu'au Centre.

En revanche, à l'ouest, il va _____ beaucoup plus _____, vous le verrez dans un instant sur les températures. _____ : il y aura certainement une _____ de neige plus importante de la Picardie, de la Normandie en descendant jusqu'au Pays de la Loire. On attend entre _____ et _____ centimètres.

N'oublions pas, non plus, que dans la Sud il y a également beaucoup de nuage qui vont nous apporter des pluies _____ , près de la Méditerranée et sur les Sèvennes de la neige _____ et sur le Sud du Massif central.

Et puis matin comme après-midi quelques averses et neiges sont _____ sur la Normandie _____ sur la Bretagne. L'est devrait être _____ avec un ciel un peu plus lumineux, en tout cas sans _____ .

Voici les températures prévues pour demain matin. Plutôt froides sur la _____ du Nord, ce qui explique cet épisode neigeux. Moins _____ de minimum prévu à Rouen, et il fera _____ degrés au même moment à

Marseille.

Et puis l'après-midi, vous allez voir, ça va _____ quand même, très relativement, mais suffisamment, justement pour que la pluie _____ la neige. _____ degré de minimum à Alençon, _____ de maximum attendu à Perpignan.

Pour la suite, pour mardi, et bien écoutez la neige va _____ vers l'est. Et puis ailleurs un temps beaucoup plus calme, les températures resteront _____ toute la semaine.

Justement pour avoir plus _____ sur la semaine, _____ après le journal de Claire Chazal. _____ .

La Coupe du monde

13. La Coupe du monde

2010년 남아프리카공화국 월드컵 관련 기사
(2010-7-10 www.lemonde.fr)

Le Mondial 2010 a généré des records d'audience. Grand barnum du ballon rond, la Coupe du monde de football a encore happé plusieurs milliards de téléspectateurs durant un mois. Reine des événements sportifs, la compétition affole tous les quatre ans les records d'audience. D'où une litanie de chiffres astronomiques.

Suivi par 700 millions de téléspectateurs à travers le globe, l'ultime duel du Mondial opposant la Roja et les Oranje a logiquement embrasé les pays finalistes.

En Espagne, 15,6 millions de téléspectateurs ibériques (soit 86 % de part d'audience) ont suivi fiévreusement la victoire du onze de Vicente del Bosque.

Aux Pays-Bas, la chaîne Nederland 1 a tutoyé les cieux avec 90,6 % de part d'audience. 8,5 millions de Bataves étaient ainsi suspendus aux vains déboulés d'Arjen Robben et de Wesley Sneijder.

Troisième du podium mondial, la rutilante Mannschaft a captivé les supporters allemands. Mercredi 7 juillet, la demi-finale perdue par la sélection de Joachim Löw face à l'Espagne a attiré plus de 31 millions de téléspectateurs (82 % de part d'audience) outre-Rhin.

Aux Etats-Unis, le "soccer" poursuit son expansion. Dynamisée par le joli parcours de la sélection américaine jusqu'aux huitièmes de finale de l'épreuve, l'audience a atteint des sommets durant un mois. Avec 24,3 millions de téléspecteurs, la finale de la compétition a permis au football des niveaux inégalés outre-Atlantique.

En retransmettant la confrontation suprême Espagne contre Pays-Bas, les chaînes ABC et Univision ont balayé le précédent record d'audience (18 millions) établi lors de la finale du Mondial 1994 entre le Brésil et l'Italie.

En France, la disgrâce des Bleus a pesé sur les audiences de TF1 : de 15 millions de téléspectateurs pour le match contre l'Uruguay, on est tombé à seulement 8 millions pour la débâcle contre les Bafana (l'horaire du match, à 16 heures, a également joué). Toutefois la chaîne a maintenu des audiences élevées durant un mois.

A l'occasion de la finale Espagne contre Pays-Bas, la chaîne privée a même atteint son audience record pour un match n'impliquant pas l'équipe de France avec 14,1 millions de téléspectateurs soit une part d'audience mesurée à 63%. Pour comparaison, la chaîne avait attiré 20 millions de téléspectateurs lors de la finale France-Italie de 2006.

Le fiasco des protégés de Raymond Domenech a par ailleurs attisé les échos médiatiques. Au creux des 64 rencontres du Mondial, les propos incendiaires de Nicolas Anelka ont permis au journal *L'Equipe* de réaliser ses meilleures ventes.

Avec 510,000 exemplaires écoulés au lendemain de la défaite contre le Mexique, le quotidien sportif a largement rentabilisé la révélation de ces mots "doux" échangés dans la confidentialité du vestiaire tricolore.

가. 문장 분석 및 어휘 연구

■(Ant)선행사, (AO)목적어속사, (AS)주어속사, (CAG)동작주보어, (COD)직접목적보어, (COI)간접목적보어, (N)부정, (PI)의문대명사, (PR)관계대명사, (S)주어, (SI)비인칭주어, (V)동사, (Vaux)조동사, (Vcond)조건법, (VFA)전미래, (VFP)근접미래, (VFS)단순미래, (Vgér)제롱디프, (VIMP)반과거, (Vimpé)명령법, (Vinf)동사원형, (Vpas)수동태, (VPC)복합과거, (Vpp)과거분사, (Vppr)현재분사, (VPQP)대과거, (Vsubj)접속법.

Le Mondial 2010(S) a généré(VPC) (COD)des records d'audience. Grand barnum du ballon rond, la Coupe du monde de football(S) a(Vaux) encore happé(VPC) (COD)plusieurs milliards de téléspectateurs durant un mois.

■générer(v. t.) être la cause de, produire. 발생시키다. ■record(n. m.) performance dépassant tous les résultats antérieurs. 기록. ■barnum(n. m.) entrepreneur de spectacles américain, fondateur du cirque Barnum. [구어] 흥행사. ■happer(v. t.) attraper brusquement. 덥석 붙잡다. ■[La Coupe du monde de football]=[le Mondial]=[Grand barnum du ballon rond]. 월드컵.

2010년 월드컵은 시청률 기록들을 배출했다. 둥근 공의 대형 흥행사인 월드컵은 이번에도 한 달 동안 수백만의 텔레비전 시청자를 끌어 모았다.

Reine des événements sportifs, la compétition(S) affole(V) tous les quatre ans (COD)les records d'audience. D'où une litanie de chiffres astronomiques.

■affoler(v. t. et pron.) troubler l'esprit au point d'en faire perdre le contrôle, bouleverser. 몹시 불안하게 하다. ■litanie(n. f.) succession, kyrielle. 열거. ■astronomique(a.) énorme. 천문학적인, 엄청난.

스포츠 행사의 최고봉인 이 대회는 사년마다 (새로운) 시청률 기록을 세우고 있다. (이번에도) 어마어마한 (시청률) 수치들이 나왔다.

Suivi(Vpp) (CAG)par 700 millions de téléspectateurs à travers le globe, l'ultime duel du Mondial(S) opposant la Roja et les Oranje a(Vaux) logiquement embrasé(VPC) (COD)les pays finalistes.

■**la Roja**=l'équipe nationale de football d'Espagne. 스페인 축구대표팀. ■**les Oranje**=les joueurs de l'équipe nationale des Pays-Bas. 네덜란드 축구대표팀 선수들. ■**embraser**(v. t.) mettre en feu. exciter. 불타게 하다, 흥분시키다. ■**l'ultime duel** 최후의 대결=결승전(=la finale). ■**logiquement**(ad.) naturellement, évidemment, forcément, inévitablement. 논리적으로, 당연히.

전 세계에 걸쳐 7억 텔레비전 시청자가 지켜본 스페인 축구대표팀과 네덜란드 축구대표팀이 맞선 최종 대결은 당연히 (2010년 월드컵)결승전에 참가한 두 나라를 불태웠다.

En Espagne, (S)15,6 millions de téléspectateurs ibériques (soit 86 % de part d'audience) ont suivi(VPC) fiévreusement (COD)la victoire du onze de Vicente del Bosque.

■**ibérique**(a.) qui a rapport à l'Ibérie, aux pays de la péninsule Ibérique (l'Espagne, le Portugal). 이베리아(사람)의, 에스파냐·포루투갈(사람)의. ■**onze de Vicente del Bosque**=onze footballeurs de l'équipe nationale de football d'Espagne (joués pour la finale du Mondial 2010). (2010 월드컵 결승전에 출전한) 스페인 축구대표팀 감독 비센테 델 보스케의 11명(선수들).

스페인에서는 천오백육십만 명의 이베리아 반도(스페인)의 시청자(시청률 86%)가 비센테 델 보스케가 이끄는 11명의 우승을 열정적으로 지켜봤다.

Aux Pays-Bas, (S)la chaîne Nederland 1 a tutoyé(VPC) (COD)les cieux avec 90.6% de part d'audience. (S)8,5 millions de Bataves étaient(VIMF) ainsi (AS)suspendus aux vains déboulés d'Arjen Robben et de Wesley Sneijder.

■**tutoyer**(v. t.) employer la deuxième personne du singulier en parlant à qn. 친숙하다. ■동사구 **tutoyer les cieux** '하늘과 친숙해지다, 대단한 성과를 올리다.'

■vain(a.) sans effet, inutile. 쓸데없는.

네덜란드에서는 네덜란드 1번 채널이 시청률 90.6%라는 대단한 기록을 세웠다. 팔백 오십만 명의 네덜란드 시청자이 아르옌 로벤과 베슬리 슈나이더의 슈팅이 실패하는 장면들에 매달려 있었다.

Troisième du podium mondial, (S)la rutilante Mannschaft a captivé(VPC) (COD)les supporteurs allemands. Mercredi 7 juillet, (S)la demi-finale perdue par la sélection de Joachim Löw face à l'Espagne a attiré(VPC) (COD)plus de 31 millions de téléspectateurs (82 % de part d'audience) outre-Rhin.

■rutilant(a.) qui brille. 번쩍거리는. ■Die Mannschaft=l'équipe nationale de football d'Allemagne. 독일 축구대표팀 선수들. ■Joachim Löw 요아힘 뢰브=l'entraîneur de l'équipe nationale d'Allemagne. 독일 축구대표팀 감독.

월드컵 3위에는 빛나는 독일 축구대표팀이 독일시청자들을 매혹시켰다. 7월 7일 수요일 요아힘 뢰브 감독의 선발팀이 스페인에게 패한 준결승전은 라인 강 너머(독일)의 삼천백만 명의 텔레비전 시청자(시청률 82%)를 끌어 모았다.

Aux Etats-Unis, le "soccer"(S) poursuit(V) (COD)son expansion. Dynamisée(Vpp) (CAG)par le joli parcours de la sélection américaine jusqu'aux huitièmes de finale de l'épreuve, l'audience(S) a atteint(VPC) (COD)des sommets durant un mois.

■유럽에서는 축구를 football이라고 부르지만, 미국에서 football은 미식축구를 가리키며 축구는 soccer라고 부른다. ■inégalé(a.) qui n'est pas égalé, qui n'a pas de rival.

비할 데 없는, 필적할 수 없는.

미국에서는 "사커"가 지속적으로 팽창 중이다. 미국축구대표선발팀의 8강 진출이라는
양호한 성적에 힘입어, 한 달 동안 월드컵 시청률이 최고조에 달했다.

Avec 24,3 millions de téléspecteurs, <u>la finale de la
compétition</u>(S) <u>a permis</u>(VPC) (COI)<u>au football</u> (COD)<u>des niveaux
inégalés outre-Atlantique</u>.

■**inégalé**(a.) qui n'est pas égal, qui est supérieur à tout. 비할 데 없는, 필적할 수 없는.

이천사백삼십만 명의 시청자가 결승전을 시청하여 애틀랜틱 너머(미국)에서 축구경기
(역사상) 최고의 시청률을 기록했다.

<u>En retransmettant</u>(Vgér) (COD)<u>la confrontation suprême</u>
Espagne contre Pays-Bas, <u>les chaînes ABC et Univision</u>(S)
<u>ont balayé</u>(VPC) (COD)<u>le précédent record d'audience</u> (18
millions) établi lors de la finale du Mondial 1994 entre le
Brésil et l'Italie.

■**retransmettre**(v. t.) diffuser une émission télévisée. 중계 방송하다.
■**suprême**(a.) qui vient en dernier. 최후의. ■**balayer**(v. t.) éliminer, nettoyer avec
un balai. 제거하다, 소탕하다. ■동사구 **balayer le précédent record d'audience**
'지난 기록을 갈아 치우다.' ■동사구 **établir un record** '기록을 세우다.'

스페인-네덜란드 최종 경기를 방송하면서, ABC 채널과 Univision 채널은 1994년
월드컵 브라질-이탈리아 결승전에서 세웠던 최고 시청률 (천팔백만 명의 시청자)
기록을 (2010년 월드컵 결승 경기 방송으로) 경신했다.

En France, la disgrâce des Bleus(S) a pesé(VPC) sur les audiences de TF1 : de 15 millions de téléspectateurs pour le match contre l'Uruguay, on(S) (VPC)est tombé à seulement 8 millions pour la débâcle contre les Bafana (l'horaire du match(S), à 16 heures, a(Vaux) également joué(VPC)).

■disgrâce(n. f.) perte des bonnes grâces d'une personne puissante. [구어] 인기를 잃음. ■les Bleus=joueurs de l'équipe nationale de football de France. 프랑스 축구대표팀 선수들. ■peser(v. t. et i.) exercer une influence. 영향을 미치다. ■débâcle(n. f.) défaite, échec. 패주(敗走). ■les Bafana=joueurs de l'équipe d'Afrique du Sud de football. 남아공 축구대표팀 선수들. ■toutefois(ad.) néanmoins. 그럼에도 불구하고. ■[Le nombre de téléspectateurs français a diminué de 15 millions pour le match contre l'Uruguay à seulement 8 millions pour la débâcle contre les Bafana.]

프랑스에서는 프랑스 축구대표팀의 참패가 TF1 채널의 시청률에 영향을 끼쳤다. 천오백만 명의 TV시청자가 프랑스-우루과이 경기를 보았으나 시청률은 떨어져서 단지 팔백만 명의 시청자가 프랑스-남아공(축구대표팀-Bafana) 경기에서 프랑스 축구대표팀의 졸전을 지켜봤다-오후 4시라는 경기 시간 역시 저조한 시청률에 일조했다.

Toutefois la chaîne(S) a maintenu(VPC) (COD)des audiences élevées durant un mois. A l'occasion de la finale Espagne contre Pays-Bas, la chaîne privée(S) a(Vaux) même atteint(VPC) (COD)son audience record pour un match n'impliquant pas l'équipe de France avec 14,1 millions de téléspectateurs soit une part d'audience mesurée à 63%. Pour comparaison, la chaîne(S) avait attiré(VPQP) (COD)20 millions de téléspectateurs lors de la finale France-Italie de 2006.

■동사구 **atteindre son audience record** '시청 기록을 세우다.' ■**impliquer**(v. t. et pron.) engager, compromettre dans une affaire. (사건 따위에) 끌어들이다.

그래도 TF1 채널은 한 달 동안 비교적 높은 시청률을 유지할 수 있었다. 스페인-네덜란드 결승전 방송으로, 이 민영채널(TF1)은 프랑스팀이 참가하지 않은 경기로서는 최고의 시청률(63%)에 해당하는 천사백십만 명이라는 기록을 세웠다. 참고로 이 채널은 2006년 월드컵 프랑스-이탈리아 결승전 방송으로 이천만 명의 TV시청자를 끌어 모은 바 있다.

Le fiasco des protégés de Raymond Domenech(S) a(Vaux) par ailleurs attisé(VPC) (COD)les échos médiatiques. Au creux des 64 rencontres du Mondial, les propos incendiaires de Nicolas Anelka(S) ont permis(VPC) (COI)au journal *L'Equipe* de (Vinf)réaliser (COD)ses meilleures ventes.

■fiasco(n. m.) échec total. 완전한 실패. ■protégé(n. m.) personne qu'on protège. 피보호자, 귀염을 받는 사람. les protégés de Raymond Domenech=les Bleus. ■attiser(v. t.) animer, ranimer le feu. 불러일으키다, 선동하다. ■incendiaire(a.) qui enflamme les esprits, agressif. 선동하는.

레몽 도메네크 감독 선발팀의 대패는 (오히려) 매체의 관심을 불러일으켰다. 월드컵 64회의 경기 내내 니콜라 아넬카의 화약고 같은 언행(의 보도)로 신문 <레키프>는 최대 판매 부수를 기록할 수 있었다.

Avec 510,000 exemplaires écoulés au lendemain de la défaite contre le Mexique, le quotidien sportif(S) a(Vaux) largement rentabilisé(VPC) (COD)la révélation de ces mots "doux" échangés dans la confidentialité du vestiaire tricolore.

■**rentabiliser**(v. t.) tirer avantage. procurer du gain. 수익을 올리도록 하다. ■**révélation**(n. f.) dévoilement, divulgation. 폭로, 누설. ■**confidentialité**(n. f.) propriété de ce qui est confidentiel. 정보의 기밀 유지. ■**vestiaire**(n. m.) endroit où l'on se change dans une salle de sport. 탈의실.

> 프랑스 축구대표팀이 멕시코에게 진 경기 다음 날 오십일만 부를 판매한 이 스포츠 일간지는 (프랑스축구)대표팀 탈의실에서 비밀리에 오고 간 "달콤한" 논쟁을 밝힌 덕분에 상당한 이익을 챙겼다.

나. 작문 연습 및 심화 학습

1. 티에리 앙리의 손 때문에 월드컵에 출전하지 못한 아일랜드인들은 프랑스 축구대표팀의 결정적 탈락을 제일 먼저 기뻐했다.
   ■l'équipe de France (Thierry Henry)
2. 세포라는 스페인에서 계속 확장해가며 지점을 열고 있다.
   ■poursuivre expansion (Sephora)
3. RMC 라디오는 1월~3월 기간에 새로운 청취 기록을 세웠다.
   ■atteindre record d'audience (radio RMC, période)
4. 경제 위기로 (가계) 부채가 최고점에 다다르다.
   ■atteindre sommet (surendettement)
5. 투자는 6개월 만에 충분히 보상받는다.
   ■rentabiliser (investissement)
6. 라마단은 건강에 영향을 미친다.
   ■peser sur (ramadan)
7. 페이스북이 또다시 정보의 기밀 유지를 위협한다.
   ■confidentialité des donnés (Facebook)
8. 그는 대단한 성과를 올렸다. 두 종목에서 세계챔피언이 되었다.
   ■tutoyer les cieux (titres de champion)

9. 다음 지문은 프랑스 축구의 영웅 지네딘 지단과 관련된 텔레비전 뉴스입니다. 음성 파일을 듣고 빈칸을 채워 보세요.

C'est la fin d'un suspense qui _____ un an. On sait enfin _____ Marco Materazzi a dit à Zinédine Zidane _____ sa colère et son coup de tête le 9 juillet _____ le jour de la finale du Mondial.

L'attaquant italien _____ à des journalistes. Pascal Praud _____ sur le mystère.

–"Si tu veux mon maillot, je _____ donnerai après le match." dit Zinedine Zidane.

–"Je _____ ta putain de soeur." répond Marco Materazzi.

La _____ est connue : coup de boule, expulsion, défaite. La _____ème minute de France-Italie _____ à l'histoire du sport mondial.

Pour la première fois, Marco Materazzi a _____ à la presse italienne les propos exactes qu'il _____ avoir tenu à Zinédine Zidane le soir de la finale de la Coupe du Monde.

Ces insultes ne sont pas _____ . Materazzi confirme les injures qu'on _____. Il n'y a pas eu, selon lui, _____ à caractere raciste.

Ces révélations interviennent à _____ jours du Italie-France décisif dans _____ d'Europe des nations. Après les provocations du sélectionneur Raymond Domenech qui s'est étonné d'un _____ souvent _____ à l'Italie.

Voici les verités de Marco Materazzi. Le match _____ .

Zinédine Zidane qui est toujours la _____ des Français avec Yannick Noah selon le baromètre du *Journal du dimanche*.

La libération des otages

14. La libération des otages

한국 피랍인 석방 기사
(2007-8-29 www.liberation.fr)

Les talibans ont joint les actes à la parole. Comme ils l'ont annoncé la veille, ils ont libéré ce mercredi douze des 19 otages sud-coréens enlevés en Afghanistan à la mi-juillet. Un troisième groupe, trois femmes et un homme, a été libéré mercredi après-midi en Afghanistan et remis au Comité international de la Croix-Rouge. Quatre femmes et un homme avaient été libérés ce midi. Plus tôt dans la matinée, trois femmes avaient été remises à la Croix Rouge près de Ghazni dans le sud de l'Afghanistan.

L'accord avait été conclu mardi entre une délégation sud-coréenne et les talibans. Il prévoyait que les 19 évangélistes retenus depuis six semaines seraient relâchés contre la promesse de Séoul de retirer son petit contingent de 200 soldats au sein des forces internationales en Afghanistan d'ici à la fin de l'année.

Les talibans avaient enlevé 23 évangélistes sud-coréens le 19 juillet. Ils avaient tué deux hommes du groupe fin juillet et déjà libéré deux femmes malades à la mi-août. Avec la libération de ces douze otages, il reste sept Sud-Coréens entre les mains des rebelles islamistes.

잉그리드 베탕쿠르 석방 기사
(2008-7-3 www.lemonde.fr)

Vêtue d'un court gilet militaire, Ingrid Betancourt, radieuse, descend l'escalier de l'avion, sur fond d'hymne national. Sous le ciel gris de Bogota, elle embrasse longuement sa mère, les yeux fermés. Les caméras filment cette image tant attendue. Après six ans et quatre mois de captivité, la plus célèbre otage du monde a été libérée, mercredi 2 juillet au matin, par l'armée colombienne.

Trois citoyens américains enlevés en 2003 et 11 militaires colombiens, capturés au combat - il y a dix ans, pour certains -, ont également retrouvé la liberté, au terme d'une incroyable opération militaire menée sans tirer un coup de feu : "Une opération impeccable, parfaite", a commenté Ingrid Betancourt.

가. 문장 분석 및 어휘 연구

■(Ant)선행사, (AO)목적어속사, (AS)주어속사, (CAG)동작주보어, (COD)직접목적보어, (COI)간접목적보어, (N)부정, (PI)의문대명사, (PR)관계대명사, (S)주어, (SI)비인칭주어, (V)동사, (Vaux)조동사, (Vcond)조건법, (VFA)전미래, (VFP)근접미래, (VFS)단순미래, (Vgér)제롱디프, (VIMP)반과거, (Vimpé)명령법, (Vinf)동사원형, (Vpas)수동태, (VPC)복합과거, (Vpp)과거분사, (Vppr)현재분사, (VPQP)대과거, (Vsubj)접속법.

Les talibans(S) ont joint(VPC) (COD)les actes (COI)à la parole. Comme ils(S) (COD)l'ont annoncé(VPC) la veille, ils(S) ont libéré(VPC) ce mercredi (COD)douze des 19 otages sud-coréens enlevés en Afghanistan à la mi-juillet.

■acte(n. m.) action, fait légalement constaté. 행위, 행동. ■parole(n. f.) promesse verbale. 약속, 언약. ■libérer(v. t. et pron.) mettre en liberté. délivrer. 석방하다. ■otage(n. m.) personne détenue comme gage de la soumission d'une population. 인질.

탈레반이 (그들의) 약속을 이행했다. 어제 예고했던 것처럼 그들(탈레반)은 7월 중순에 아프가니스탄에서 납치되었던 19명의 남한 피랍인 중 12명의 포로를 수요일에 석방했다.

Un troisième groupe(S), trois femmes et un homme, (VPC)a été libéré(Vpas) mercredi après-midi en Afghanistan et (VPC)remis(Vpas) au Comité international de la Croix-Rouge. Quatre femmes et un homme(S) (VPQP)avaient été libérés(Vpas) ce midi. Plus tôt dans la matinée, trois femmes(S) (VPQP)avaient été remises(Vpas) à la Croix Rouge près de Ghazni dans le sud de l'Afghanistan.

■수요일에 이뤄진 남한 포로의 석방을 오후, 정오 그리고 아침 순서로 설명하고 있다.
■C.I.C.R. [약] Comité international de la Croix-Rouge 국제 적십자 위원회.

(수요일에 석방된 피랍인 중) 세 번째로 여성 세 명과 남성 한 명이 수요일 오후에 풀려나서 국제 적십자 위원회에 넘겨졌다. 또한 수요일 정오에는 여성 네 명이 풀려났다. (같은 날인 수요일) 오전 일찍 세 명의 여성 포로가 아프가니스탄의 남부 가즈니 근처에 위치한 적십자사에 넘겨졌다.

L'accord(S) (VPQP)avait été conclu(Vpas) mardi entre une délégation sud-coréenne et les talibans.

■délégation(n. f.) groupe de représentants mandatés. 대표단.

남한 (정부) 대표단과 탈레반 사이의 합의가 이루어진 것은 화요일이었다.

Il(S) prévoyait(VIMP) que les 19 évangélistes(S) retenus depuis six semaines (Vcond)seraient relâchés(Vpas) contre la promesse de Séoul de (Vinf)retirer (COD)son petit contingent de 200 soldats au sein des forces internationales en Afghanistan d'ici à la fin de l'année.

■**prévoir**(v. t.) envisager. 예정하다. ■**évangéliste**(n. m.) (일부 신교의 평신도) 복음 전도자. ■**retenir**(v. t. et pron.) ne pas laisser aller. 억류하다. ■**retirer**(v. t.) enlever, reprendre. 철회하다. ■**contingent**(n. m.) classe d'âge appelée à accomplir le service militaire. ■**contre**(prép.) en échange de. ~와 바꾸어.

6주 전부터 납치되었던 19명의 남한 포로를 풀어주는 (석방의) 조건으로 서울은 아프가니스탄의 국제평화유지군에 포함된 200명의 자국 군인을 연말까지 철수하기로 합의했다.

Les talibans(S) avaient enlevé(VPQP) (COD)23 évangélistes sud-coréens le 19 juillet. Ils(S) avaient tué(VPQP) (COD)deux hommes du groupe fin juillet et déjà libéré(VPQP) (COD)deux femmes malades à la mi-août.

■**fin**(n. f.). limite, terme (기간·시간의) 끝, 종말. fin courant 이달 말에. (참고) début avril 4월 초. ■**mi-août**(n. c. et n. f.) quinzième jour du mois d'aout. 8월 15일.

탈레반은 (지난) 7월 19일 23명의 남한 전도자들을 납치했었다. 그들은 7월 말에는 남한 남성 포로 두 명을 처형했으며, 8월 15일에는 아픈 두 명의 남한 여성 포로를 석방한 바 있다.

Avec la libération de ces douze otages, il(SI) reste(V) sept Sud-Coréens entre les mains des rebelles islamistes.

■**rebelle**(n. et a.) qui se soulève contre l'autorité. 반역자. troupes rebelles 반란군.

(이번 수요일) 12명의 (추가) 석방으로 이슬람 저항군들(탈레반)의 손에는 7명의 남한 포로가 남게 되었다.

Vêtue d'un court gilet militaire, <u>Ingrid Betancourt</u>(S), radieuse, <u>descend</u>(V) (COD)<u>l'escalier</u> de l'avion, sur fond d'hymne national.

■vêtu(a.) habillé, couvert d'un vêtement. 입은. ■Ingrid Betancourt : 좌익 게릴라조직인 콜롬비아무장혁명군(FARC)에게 포로로 잡혀 있었던 프랑스계 콜롬비아인 정치가. ■radieux(a.) qui exprime le bonheur, la joie. 빛나는, 기뻐하는.

짧은 군복 상의를 입은 잉그리드 베탕쿠르는 행복한 얼굴로 국가가 울리는 가운데 비행기의 계단을 내려온다.

Sous le ciel gris de Bogota, <u>elle</u>(S) <u>embrasse</u>(V) longuement (COD)<u>sa mère</u>, les yeux fermés.

■[Ingrid Betancourt descend l'escalier de l'avion.]

보고타의 흐린 하늘 아래서 그녀는 눈을 감은 채 자신의 어머니를 오랫동안 껴안는다.

<u>Les caméras</u>(S) <u>filment</u>(V) (COD)<u>cette image</u> tant attendue. Après six ans et quatre mois de captivité, <u>la plus célèbre otage du monde</u>(S) (VPC)<u>a été libérée</u>(Vpas), mercredi 2 juillet au matin, (CAG)<u>par l'armée colombienne</u>.

■captivité(n. f.) état d'une personne captive. emprisonnement. 포로상태, 억류.

카메라들은 오랫동안 기다려왔던 이 영상을 찍는다. (인질이 된 지) 6년 4개월 만에 세상에서 제일 유명한 포로가 된 그녀는 콜롬비아군의 개입으로 7월 3일 수요일 아침에 풀려났다.

> (S)<u>Trois citoyens américains</u> enlevés en 2003 <u>et 11</u>
> <u>militaires colombiens</u>(S), capturés au combat – (SI)<u>il y a</u>(V)
> dix ans, pour certains –, <u>ont</u>(Vaux) également <u>retrouvé</u>(VPC)
> (COD)<u>la liberté</u>, au terme d'une incroyable opération
> militaire menée (N)<u>sans</u> (Vinf)<u>tirer</u> (COD)<u>un coup de feu</u>.

■전치사구 **au terme de** '~ 끝에.' ■**tirer**(v. t. i. et pron.) lancer un projectile au moyen d'une arme. 발포하다. ■**coup**(n. m.) décharge d'une arme à feu, détonation. 격발. ■**feu**(n. m.) décharge d'une arme à feu. 포격.

2003년 피랍된 3명의 미국인과 (이 중 몇몇은 10년 전부터 인질로 잡혀 있었던) 11명의 콜롬비아 군인도 총성 하나 없이 이뤄진 믿기 힘든 군사 작전 끝에 (잉그리드 베탕쿠르와 함께) 풀려났다.

> "Une opération impeccable, parfaite", <u>a commenté</u>(VPC)
> (S)<u>Ingrid Betancourt</u>.

■**impeccable**(a.) dépourvu de défaut. parfaitement propre. 완전무결한, 기막힌.

"흠 잡을 데 없이 완벽한 (구출) 작전"이었다고 잉그리드 베탕쿠르는 평가했다.

나. 작문 연습 및 심화 학습

1. 그 영화에서는 세상의 종말은 2012년 12월 21일로 예정되어 있다고 한다.
   ■fin du monde (prévoir)
2. 이스라엘은 군인 한 명의 교환 조건으로 팔레스타인들을 석방할 것을 고려 중인 것 같다.

■en échange (Israël, Palestiniens)

3. 오바마 대통령은 미군을 이라크에서 철수하기로 약속했다.
   ■promettre (Irak, Obama)

4. 샹젤리제의 결승 시상식에서 그는 덴마크 국가가 울리는 가운데 스페인 국기가 게양되는 것을 보았다.
   ■sur fond d'hymne national danois (Champs Elysées)

5. 그는 뜨거운 태양 아래를 달린다.
   ■sous un ciel (de plomb)

6. 이탈리아의 총리 실비오 베를루스코니는 2013년 임기 말까지 직위를 유지할 계획이다.
   ■terme de (législature, Silvio Berlusconi)

7. 본문을 요약한 다음 지문을 프랑스어로 고쳐 봅시다. 음성 파일을 듣고 본인이 작성한 본문과 비교해봅시다.

   12명의 남한 포로들에게 아프가니스탄에서의 고난은 끝났다.

   ....

   그들은 한 달 전부터 (그들을) 포로로 잡고 있었던 탈레반에게서 풀려났다.

   ....

   (석방의 교환) 조건으로 남한은 아프가니스탄에 파견한 (자국) 지원군을 철수하기로 약속했다.

   ....

   ....

   (이 열두 명 외) 또 다른 여성 (남한 포로) 두 명은 8월 중순에 이미 석방되었다.

   ....

   (그 후) 남성 (남한 포로) 두 명은 납치범에게 살해당한 바 있다.

   ....

Plage en Chine

15. Plage en Chine

프랑스인들의 시선을 통해 보는 중국의 해변 문화에 관한 텔레비전 뉴스
(2007-8-27 www.m6.fr)

Puisque le soleil est revenu, puisque l'été semble enfin montrer le bout de ses rayons, on referme ce journal à la plage, mais à des _____ de kilomètres de chez nous, en Chine.

Avec _____ jours de congés payés par an, les Chinois découvrent enfin les loisirs et se ruent par _____ sur les bords de mer. Reportage par nos correspondants Li Jing-Jing et Christelle Jaime.

Les congés payés sont une grande découverte en Chine. Ils n'existent que depuis _____ ans. Destination numéro ____ , les plages, ça ne coûte _____ . Elles sont donc de plus en plus fréquentées.

-"Avant on ne se _____ qu'au travail, cette année est vraiment la première fois que je peux me reposer le week-end. J'ai _____ ans. Je veux profiter ____ la vie et ____ ma famille."

Alors, on savoure _____ complexe? Pas exactement, comme dans le reste du monde. Les Chinois ont souvent _____ de l'eau. Ils sont très _____ nombreux à savoir nager. Les loueurs de bouées font donc _____ .

Et ils n'aiment pas le soleil non plus. Le bronzage, en Chine, c'est une _____ de paysan.

-"En général, j'ai peur de bronzer. Tous les jours je fais _____ au soleil. Je veux rester beau."

En revanche, on est très attaché à une tradition aussi _____ que la Chine.

-"Le bain de sable, c'est très bon pour _____ santé. Et ça détend ____ muscles."

Et en prime, on peut même rapporter un peu de mer chez _____ .

-"Ça, ce sont des algues. On ____ mange souvent à la maison. Je ____ ramasse et puis ce soir je vais ____ cuisiner. C'est très bon."

Et c'est l'affluence comme ça _____ les week-ends d'été, dans _____ le pays. Peu à peu des plages sont aménagées pour accueillir un _____ d'estivants.
Même si ce n'est pas encore tout à fait Saint-Tropez.

가. 문장 분석 및 어휘 연구

■(Ant)선행사, (AO)목적어속사, (AS)주어속사, (CAG)동작주보어, (COD)직접목적보어, (COI)간접목적보어, (N)부정, (PI)의문대명사, (PR)관계대명사, (S)주어, (SI)비인칭주어, (V)동사, (Vaux)조동사, (Vcond)조건법, (VFA)전미래, (VFP)근접미래, (VFS)단순미래, (Vgér)제롱디프, (VIMP)반과거, (Vimpé)명령법, (Vinf)동사원형, (Vpas)수동태, (VPC)복합과거, (Vpp)과거분사, (Vppr)현재분사, (VPQP)대과거, (Vsubj)접속법.

Puisque le soleil(S) est revenu(VPC), puisque l'été(S) semble(V) enfin (Vinf)montrer (COD)le bout de ses rayons, on(S) referme(V) (COD)ce journal à la plage, mais à des milliers de kilomètres de chez nous, en Chine.

■이유를 나타내는 두 개의 종속절[Puisque…] 뒤에 주절[on referme…]이 연결된 구조.
■bout(n. m.) fin d'une durée, terme. 끝.

다시 날씨가 맑아져서, 마침내 여름이 햇빛을 (조금이나마) 보여주는 오늘, 해변 관련 뉴스로 마감하고자 합니다. 하지만 (이 해변은) 프랑스에서 수천 킬로미터 떨어진 중국에 있습니다.

Avec dix-sept jours de congés payés par an, <u>les Chinois</u>(S) <u>découvrent</u>(V) enfin (COD)<u>les loisirs</u> et <u>se ruent</u>(V) par milliers sur les bords de mer. Reportage par nos correspondants Li Jing-Jing et Christelle Jaim.

■congé(n. m.) vacances. 휴가. ■congés payés '유급휴가.' ■se ruer(v. pron.) se précipiter, s'empresser. (~으로) 달려가다, 몰려들다. ■par an '매년.' ■par milliers '많이.' ■sur les bords de mer(=à la plage). '바닷가, 해변에서.'

1년에 17일의 유급 휴가를 갖게 된 중국인들은 드디어 여가를 발견하게 되었고, 많은 인파들이 바닷가에 몰리고 있습니다. (우리 채널의 중국) 특파원 리징징과 크리스텔 젬므(기자)가 (이 뉴스를) 전합니다.

<u>Les congés payés</u>(S) <u>sont</u>(V) (AS)<u>une grande découverte</u> en Chine. <u>Ils</u>(S) n'<u>existent</u>(V) que depuis huit ans.

■한정 표현[ne…que]에서 que는 강조하고자 하는 문장 요소의 앞에 위치.

중국에서 유급 휴가는 대단한 발견입니다. 유급 휴가는 겨우 8년 전부터 시행됐습니다.

Destination numéro un, les plages, ça(SI) (N)ne coûte(V) rien(N). Elles(S) sont(V) donc de plus en plus (AS)fréquentées.

■destination(n. f.) le lieu où l'on doit se rendre. 목적지. ■부정 표현[ne…rien]
'전혀 ~하지 않다.' ■fréquenter(v. t.) aller souvent dans un lieu. 자주방문하다.
■[Destination numéro un]=[les plages]=[ça]. ■부사구 de plus en plus '점점, 더욱 더.'

(휴가지의) 1순위는 해변입니다. (해변은) 전혀 돈이 들지 않습니다. 그래서 해변으로 점점 더 많은 방문객이 다녀갑니다.

-"Avant on(S) ne se consacre(V) qu'au travail(COI), cette année(S) est(V) vraiment (AS)la première fois que je(S) (Vaux)peux me reposer(Vinf) le week-end.

■중국 피서객의 인터뷰. ■se consacrer à(v. pron.) se donner, se livrer à. 전념하다.
■se reposer(v. pron.) cesser d'agir, de travailler. 휴식을 취하다. ■le week-end
'주말마다[=tous les week-ends].'

"전에는 일에만 헌신했었습니다. 올해 정말 처음으로 주말마다 휴식을 취할 수 있네요."

(S)J'ai(V) (COD)trente ans. (S)Je (Vaux)veux (Vinf)profiter (COI)de la vie et (COI)de ma famille."

■profiter(de)(v.t.) tirer avantage/profit. ~을 이용하다, 만끽하다.

"저는 30살입니다. (이젠) 인생을 즐기고 싶고, 가족과 시간을 보내고 싶어요."

Alors, <u>on</u>(S) <u>savoure</u>(V) <u>sans</u>(N) complexe? (N)<u>Pas</u>
exactement, comme dans le reste du monde.

■일반인 주어 **on**=[les gens (en Chine)]=[les Chinois]. ■부사구 **sans complexe**
(=sans gêne) '거리낌 없이.' ■대답에는 주어와 동사 생략[on ne les savoure pas
exactement, comme dans le reste du monde].

그렇다면, 중국인들은 (해변에서) 거리낌 없이 즐길까요? 중국인들이 해변을 즐기는
방법은 다른 세계 사람들과 다른 것 같습니다.

<u>Les Chinois</u>(S) <u>ont</u>(V) souvent (COD)<u>peur</u> (AO)<u>de l'eau</u>. <u>Ils</u>(S)
<u>sont</u>(V) très (N)<u>peu</u> (AS)<u>nombreux</u> à (Vinf)<u>savoir</u> (Vinf)<u>nager</u>. <u>Les
loueurs de bouées</u>(S) <u>font</u>(V) donc (COD)<u>fortune</u>.

■동사구 **avoir peur de** '~에 대해 두려워하다, 꺼리다.' ■부정법구문[à savoir nager]은
전치하는 형용사[nombreux]를 수식=[les Chinois qui savent nager sont très peu].
■**fortune**(n. f.) accumulation de richesses. 재산. ■동사구 **faire forune**(=devenir
très riche) '성공하다/부자가 되다.'

많은 중국인들은 (바닷)물을 무서워합니다. 수영할 줄 아는 중국인들은 아주 적습니다.
결과적으로 튜브를 빌려주는 사람만 돈을 법니다.

Et <u>ils</u>(S) (N)<u>n'aiment</u>(V) (N)<u>pas</u> (COD)<u>le soleil</u> (N)<u>non plus</u>. Le
bronzage, en Chine, (SI)<u>c'</u><u>est</u>(V) (AS)<u>une affaire de paysan</u>.

■**bronzage**(n. m.) action de bronzer, de donner la couleur du bronze. 일광욕.

그리고 중국인들은 햇빛도 좋아하지 않습니다. 중국에선 일광욕은 시골사람이나 하는
일입니다.

-"En général, (S)j'ai(V) (COD)peur (AO)de bronzer(Vinf). Tous les jours (S)je fais(V) (COD)attention (COI)au soleil. (S)Je veux(Vaux) (Vinf)rester (AS)beau."

■중국 피서객의 인터뷰. ■tous les jours '매일' (참고) tous les trois jours '3일에 한 번씩.' ■동사구 faire (bien ou très) attention à. '~에 주의하다.'

"보통, 저는 (피부를) 태우는 걸 싫어합니다. 매일 태양빛에 주의를 하죠. (전) 계속 멋있게 보이고 싶거든요."

En revanche, (S)on est(V) très (AS)attaché à une tradition aussi vieille que la Chine.

■동사구 être attaché à. '~에 집착하다. 애정을 가지다.' ■동급비교[aussi 형용사 que]는 명사 tradition를 수식.

하지만 중국인은 중국만큼이나 오래된 전통 하나를 아주 많이 좋아합니다.

-"Le bain de sable, (SI)c'est(V) très (AS)bon pour la santé. Et (SI)ça détend(V) (COD)les muscles."

■중국 피서객의 인터뷰. ■sable(a. invariable et n. m.) grains minéraux résultant de la désagrégation des roches. 모래. ■détendre(v. t. et pron.) relâcher ce qui était tendu. 긴장을 풀다. ■muscle(n. m.) tissu servant à produire les mouvements du corps. 근육. ■신체 부위를 나타내는 명사는 일반적으로 정관사와 결합[les muscles]. ■Ça=[Le bain de sable].

"모래찜질은 건강에 참 좋아요. (모래찜질은) 근육을 풀어주거든요."

Et en prime, (S)on (Vaux)peut même (Vinf)rapporter (COD)un peu de mer chez soi.

■En prime(= en plus, en sus). 게다가, 덤으로.

게다가, 중국인들은 바다의 일부를 자신의 집으로 가지고 갈 수도 있습니다.

-"Ça, (SI)ce sont(V) (AS)des algues. (S)On (COD)en mange(V) souvent à la maison.

■중국 피서객의 인터뷰. ■algue(n. f.) végétal vivant en eaux douce ou salée et au bord de la mer. 미역. ■[On en mange souvent à la maison.]=[Nous mangeons souvent des algues à la maison.]

"이건, 미역이에요. (우린) 집에서 자주 미역을 먹죠."

(S)Je (COD)les ramasse(V) et puis ce soir (S)je (VFP)vais (COD)les (Vinf)cuisiner. (SI)C'est(V) très (AS)bon."

■ramasser(v. t.) recueillir. 모으다.

"저는 이 미역을 가져다가 오늘 밤에 (이걸로) 요리할 거예요. (미역은) 정말 맛있어요."

Et (SI)c'est(V) (AS)l'affluence comme ça tous les week-ends d'été, dans tout le pays.

■**affluence**(n. f.) éulement abondant. 몰림.

> 이런 (인파들의) 몰림 현상은 여름 주말마다 (중국의) 전국 해변에서 일어나고 있습니다.

> Peu à peu (S)des plages (V)sont aménagées(AS) pour (Vinf)accueillir (COD)un maximun d'estivants.

■부사구 **peu à peu**(=petit à petit) '조금씩, 점차적으로.' ■**accueillir**(v. t.) recevoir une personne. 접대하다, 맞이하다. ■**estivant**(n.) se dit des vacanciers qui prennent leurs congés en été. 휴양객, 피서객.

> 최대한의 피서객들을 맞이하기 위해 (중국의) 해변들이 조금씩 정비되고 있습니다.

> Même si (SI)ce (N)n'est(V) (N)pas encore tout à fait (AS)Saint-Tropez.

■부사구 **tout à fait**. 대단히, 매우. ■Saint-Tropez는 프랑스 남부 지중해 연안에 위치한 대표적 여름 휴양지.

> (물론) 그곳이 완벽하게 (프랑스의) 생 트로페 같진 않겠지만요.

나. 작문 연습 및 심화 학습

1. 모든 근로자는 유급 휴가의 권리를 가질 수 있다.
   ■avoir droit
2. 일본은 미국과의 관계를 중요하게 여긴다.

■être attaché

3. 그녀들은 블로그로 부자가 되었다!
   ■faire fortune

4. 광고는 숫자가 관건이다!
   ■affaire de

5. 칠레인들은 지진 후에 트위터나 페이스북으로 몰렸다.
   ■se ruer (Twitter, Facebook)

6. 노엘 마메르는 동성 결혼 (합법화) 운동을 위해 전력을 다할 것이다.
   ■se consacrer à [Noël Mamère는 환경운동에 중점을 두는 녹색당(Les verts) 출신의
   프랑스 정치인.]

7. 난 유기농(식품)을 먹고 환경(문제)에 관심을 갖고 있어.
   ■faire attention

8. 미소는 돈이 전혀 들지 않지만 많은 것을 만들어 낸다.
   ■coûter rien

9. 부활절 놀이에서 토끼는 계란을 최대한 모아야 한다.
   ■ramasser (Pâques)

10. 난 토요일마다 중국어 수업을 듣는다.

11. 전치사 comme를 활용한 색(couleur)과 관련된 비유적 표현을 완성해
    보세요(예: rouge comme une tomate).

(1) Blanc	■ de l'eau de roche
(2) Vert	■ les blés
(3) Noir	■ une brioche
(4) Bleu	■ un linge
(5) Jaune	■ un citron
(6) Blond	■ les prés
(7) Pâle	■ le ciel
(8) Clair	■ de la neige
(9) Doré	■ un four

12. 동물(animal)과 전치사 comme가 함께 쓰인 비유적 표현을
    완성해보세요(예: malin comme un singe).

    (1) Pleurer   ■ une bourrique

    (2) S'ennuyer   ■ un putois

    (3) Crier   ■ un chien

    (4) Mourir   ■ un boeuf

    (5) Etre fort   ■ un veau

    (6) Etre saoul   ■ un coq

    (7) Etre fier   ■ un rat (mort)

    (8) Etre têtu   ■ une pie

    (9) Etre muet   ■ cochons

    (10) Etre bavard   ■ une mule

    (11) Etre doux   ■ un agneaux

    (12) Etre bête   ■ une carpe

    (13) Etre amis   ■ une oie

13. 다음 동사구들과 자주 사용되는 비유적 표현을 찾아보세요(예: courir
    comme le vent).

    (1) Pousser   ■ Madeleine

    (2) Mentir   ■ de chemise

    (3) Changer d'avis   ■ on respire

    (4) S'amuser   ■ un ange

    (5) Boire   ■ un ballon

    (6) Pleurer   ■ l'air

    (7) Etre aimable   ■ des champignons

    (8) Etre libre   ■ un fou

    (9) Etre rond   ■ un trou

    (10) Etre bon   ■ une porte de prison

(11) Etre pauvre	■ Crésus
(12) Etre riche	■ un clou
(13) Etre sale	■ un peigne
(14) Etre joli	■ un coeur
(15) Etre maigre	■ un pot
(16) Etre chauve	■ un balai
(17) Etre sourd	■ Job
(18) Etre con	■ un jour sans pain
(19) Etre long	■ un oeuf

leçon 16
Régime original

16. Régime original

이탈리아의 매력적인 보건 정책에 관한 텔레비전 뉴스
(2007-8-15 www.m6.fr)

Et on referme ce journal avec une initiative _____ en Italie. Le maire d'une petite commune de Lombardie a décidé d'inciter les habitants à _____ du poids avec à la clef une prime pour les kilos _____ . Les explications de David Dalida.

Des pâtes, des pizzas et un bon coup de fourchette. En Italie on mange bien et peut-être même _____ . Un Italien sur trois est _____ ou en surpoids.

Une situation inquiétante pour le maire de Varallo, petite commune du nord de l'Italie, qui a donc décidé de _____ . Pour le bien de ses administrés il a mis en place une sorte de contrat d'_____ plutôt alléchant.

Pour _____ kilos perdus en un mois les hommes _____ cinquante euros. Les femmes _____ la même somme pour perdre _____ kilos. Avec une cerise sur le gâteau pour les plus courageux.

-"La prime augmente de _____ euros pour ceux qui tiennent _____ mois et ceux qui ne grossissent pas _____ un an, bien sûr sous notre contrôle, on leur donne _____ euros supplémentaires."

Un régime collectif _____ semble avoir déjà fait des adeptes, prêts à monter plus souvent sur la balance.

-"Mais oui bien sûr, je vais suivre les _____ de notre maire. Je vais perdre du poids. C'est bon pour ma santé."

La _____ qui risque d'avoir du mal à digérer la pilule, c'est sans-doute la boulangère. Mais heureusement pour elle, ses clients ne pourront pas _____ bien longtemps à de _____ gourmandises.

가. 문장 분석 및 어휘 연구

■(Ant)선행사, (AO)목적어속사, (AS)주어속사, (CAG)동작주보어, (COD)직접목적보어, (COI)간접목적보어, (N)부정, (PI)의문대명사, (PR)관계대명사, (S)주어, (SI)비인칭주어, (V)동사, (Vaux)조동사, (Vcond)조건법, (VFA)전미래, (VFP)근접미래, (VFS)단순미래, (Vgér)제롱디프, (VIMP)반과거, (Vimpé)명령법, (Vinf)동사원형, (Vpas)수동태, (VPC)복합과거, (Vpp)과거분사, (Vppr)현재분사, (VPQP)대과거, (Vsubj)접속법.

Et on_(S) referme_(V) _(COD)ce journal avec une initiative originale en Italie.

■initiative(n. f.) action de celui qui entame le premier une affaire, une entreprise. 시도.

(오늘은) 이탈리아에서 시도한 흥미로운 보건 정책에 관한 뉴스를 마지막으로 보내 드리겠습니다.

(S)Le maire d'une petite commune de Lombardie a décidé(VPC) d'inciter_(Vinf) _(COD)les habitant à _(Vinf)perdre _(COD)du poids avec à la clef une prime pour les kilos perdus. Les explications de David Dalida.

■**commune**(n. f.) division territoriale administrée par un maire. 작은 도시(읍).
■**inciter**(v. t.) pousser à, entraîner à. 응원하다. ■**habitant**(n) administré. 거주민.
■**prime**(n. f.) somme accordée à un salarié à titre d'encouragement. 장려금,
보조금. ■부사구 **à la clef**(=à la fin de l'opération). 종료 시.

롱바르디 지역의 작은 도시의 시장은 (집단 다이어트) 종료 시 감량한 체중만큼
장려금을 지급하는 방법으로 시민들에게 체중 감량하도록 격려하기로 결정했습니다.
다비드 달리다 기자의 설명입니다.

Des pâtes, des pizzas et un bon coup de fourchette. En
Italie (S)on mange(V) bien et peut-être même trop.

■**fourchette**(n. f.) ustensile de table à trois ou quatre dents. 포크.

(이탈리아인들은) 파스타와 피자를 많이 먹습니다. 이탈리아에서는 모두 잘 먹습니다.
어쩌면 지나치게 식도락을 즐기는 것도 같습니다.

(S)Un Italien sur trois est(V) (AS)obèse ou (AS)en surpoids.

■**obèse**(a.) qui a un excès d'embonpoint. 비만. ■**surpoids**(n. m.) (être) en
surpoids. 과체중.

(그 결과) 이탈리아인 3명 중 1명은 비만이거나 과체중입니다.

Une situation inquiétante pour le maire de Varallo(Ant),
petite commune du nord de l'Italie, (PR)qui a(Vaux) donc
décidé(VPC) de (Vinf)réagir.

이탈리아 북부의 작은 도시 바랄로의 시장은 이 염려되는 상황에 대처하기로
결정했습니다.

Pour le bien de ses administrés (S)il a mis(VPC) en place
(COD)une sorte de contrat d'amaigrissement plutôt
alléchant.

주민들의 안녕을 위해 시장은 (일종의) 매력적인 체중 감량 계약제를 시행했습니다.

Pour quatre kilos perdus en un mois les hommes(S)
receveront(VFS) (COD)cinquante euros. (S)Les femmes
toucheront(VFS) (COD)la même somme pour perdre(Vinf)
(COD)trois kilos.

(즉) 한 달 동안 4킬로를 감량한 남자들은 50유로를 받게 되고, 여자들은 3킬로를
감량하면 같은 (금액 50유로의) 장려금을 받게 됩니다.

Avec une cerise sur le gâteau pour les plus courageux.

■**courageux**(a.) qui a du courage, décidé. 용기 있는. ■명사구 **une cerise sur le gâteau** '케이크가 완성된 후 마지막 장식으로 체리를 얹다/대미를 장식하다.'

(체중감량을) 가장 열심히 한 사람들을 위해 더욱 매력적인 보상도 추가했습니다.

-"(S)<u>La prime</u> <u>augmente</u>(V) (COI)<u>de deux cents euros</u> pour <u>ceux</u>(Ant) (PR)<u>qui</u> <u>tiennent</u>(V) (COD)<u>cinq mois</u> et <u>ceux</u>(Ant) (PR)<u>qui</u> <u>ne</u>(N) <u>grossissent</u>(V) <u>pas</u>(N) durant un an, bien sûr sous notre contrôle, (S)<u>on</u> (COI)<u>leur</u> <u>donne</u>(V) (COD)<u>trois cent cinquante euros</u> supplémentaires."

■시장의 인터뷰. ■**augmenter**(v. t. et i.) faire croître, rendre plus grand. 증가하다. ■**tenir**(v. t. i. impers.) résister, se maintenir. 유지하다. ■**grossir**(v. t. et i.) devenir gros, accroître. 살찌다. ■**contrôle**(n. m.) vérification, maîtrise. 통제, 감시. ■**supplémentaire**(a.) additionnel, complémentaire. 추가.

"5개월간 감량한 체중을 유지한 사람들에게는 보상금을 200유로를 추가 인상해 줄 것이며, 1년 동안-물론 우리의 감독 하에- 다시 증량하지 않은 이들에게는 추가로 350유로를 지급할 것입니다."

<u>Un régime collectif</u>(Ant) (PR)<u>qui</u> <u>semble</u>(V) (Vinf)<u>avoir</u> déjà <u>fait</u>(Vpp) (COD)<u>des adepte</u>s, prêts à(Vinf)<u>monter</u> plus souvent sur la balance.

■**régime**(n. m.) manière réglée de vivre, de se nourrir. 체중조절. ■**adepte**(n.) fidèle, partisan. 추종자. ■[les adeptes(=qui sont) prêts à monter plus souvent sur la balance.]

집단 다이어트는 이미 기꺼이 더 자주 체중계 위에 올라갈 추종자들을 만든 것 같습니다.

-"Mais oui, bien sûr, (S)je vais(VFP) (Vinf)suivre (COD)les conseils de notre maire.

■주민의 인터뷰. ■동사구 suivre le(s) conseil(s) de qn '~의 충고를 따르다.'

"물론 난 시장의 충고를 따를 것입니다."

(S)Je vais(VFP) (Vinf)perdre (COD)du poids. (SI)C'est(V) (AS)bon pour ma santé."

■동사구 perdre du poids(=maigrir, devenir maigre) '체중을 감량하다.' ↔ (참고) 동사구 gagner du poids 체중을 증량하다(=grossir, devenir plus gros).

"난 살을 뺄 것입니다. 그게 (내) 건강에 좋거든요."

La seule(Ant) (PR)qui risque(Vsubj) d'avoir(Vinf) (COD)du mal à digérer(Vinf) (COD)la pilule, (SI)c'est(V) sans-doute (AS)la boulangère.

■risquer(v. t. i. et pron.) exposer au danger, s'exposer au risque de. (할) 위험이 있다, 우려가 있다. ■동사구 avoir du mal à. ~하기 어렵다. ■digérer(v. t.) supporter. 소화하다, 꾹 참다, 받아들이다. ■pilule(n. f.) cachet, comprimé. 환약, 싫은 일. (참고) avaler la pilule 싫은 일을 꾹 참고 하다.

유일하게 (이 집단 다이어트가) 내키지 않는 사람은 바로 빵집 여주인일 것입니다.

Mais heureusement pour elle, <u>ses clients</u>(S) (N)<u>ne</u> (Vaux)<u>pourront</u>(VFS) (N)<u>pas</u> (Vinf)<u>résister</u> bien longtemps (COI)<u>à de telles gourmandises</u>.

■**résister**(v. t.) ne pas céder. 저항하다. ■**gourmandise**(n. f.) défaut du gourmand, choses que les gourmands aiment. 식도락, 식탐. ■[de 복수형용사 복수명사]의 어순에서 부정관사 des는 de로 [de telles gourmandises] 바뀐다.

그러나 그녀에게 다행인 것은 (그녀의) 손님들이 (빵집의) 달콤한 음식을 그리 오랫동안 참을 수 없을 것이란 사실입니다.

나. 작문 연습 및 심화 학습

1. 이 광고는 흡연가들이 금연을 결심하도록 격려하는 것이 목적이다.
   ■viser, inciter
2. 매일하는 운동은 스트레스에 더 잘 저항하도록 도와준다.
   ■résister
3. 당신은 5킬로그램을 감량하기 위한 빠르고 효과적인 식이요법을 아시나요?
   ■perdre 5 kilos
4. 그녀는 2년 전부터 미국 드라마의 대단한 추종자가 되었다.
   ■devenir adpete (série télévisée)
5. 미혼모를 위한 성탄절 보너스.
   ■prime (mère célibataire)
6. 교육부는 신종플루 방지 계획을 실행했다.
   ■mettre en place (grippe A H1N1)
7. (몸을) 따뜻하게 지켜주는 맛있는 수프!
   ■tenir chaud
8. 우리의 텔레비전은 정치권력의 통제하에 있다.

■sous le contrôle

9. 아버지께서 날 음악에 입문시켜주셨다.

　　■initier

10. 그 이탈리아 시장은 집단 체조 또한 추진하길 원한다.

　　■promouvoir (gymnastique collective)

11. 다음 빈칸에 적당한 동사의 부정법(infinitif) 형태를 골라 넣으세요.

　　■부정법은 주절 동사의 시제와 상대하여 다른 시제 가치를 나타냅니다. 부정법
　　현재(단순형 혹은 비완료상)는 주동사와 동시 혹은 후에 일어날 동작을 나타낼 때
　　사용되고, 부정법 과거(복합형 혹은 완료상)는 주동사 전에 일어날 동작을 나타낼 때
　　사용됩니다.

(1) Comptez-vous _____ avant nous?

　　① avoir parti　　② être parti

(2) Il regrette d'_____.

　　① venir　　② être venu　　③ avoir venu　　④ avoir été venu

(3) Ils sont tristes de ne pas y _____.

　　① avoir réussi　　② avoir réussis　　③ être réussi

(4) Il se souvient de l'_____.

　　① avoir étudié　　② être étudié

(5) Il est content de nous _____.

　　① avoir vu　　② avoir vus　　③ être vu　　④ être vus

(6) Nous regrettons d'_____ Marie.

　　① avoir réprimandé　　② être réprimandé

(7) J'ai téléphoné à Anne après _____.

　　① être vu　　② voir　　③ l'avoir vue　　④ avoir vu

(8) Il partira après _____.

    ① avoir été déjeuné   ② être déjeuné   ③ avoir déjeuné

(9) Après _____, elle avait mal à la tête.

    ① avoir tombé   ② être tombée   ③ avoir tombée

(10) Après _____ nous pouvons manger.

    ① avoir assis   ② nous être assis   ③ nous avoir assis

leçon 17

Anorexie-pub choc

17. Anorexie-pub choc

충격적인 광고에 관한 텔레비전 뉴스
(2007-9-27 www.m6.fr)

Jusqu'où peut-on _____ dans la publicité? La question est _____ avec cette image-choc. Cette affiche qui fait _____ en Italie en pleine semaine de la mode. Une jeune femme décharnée pose _____ pour une marque italienne qui prétend vouloir lutter _____ l'anorexie.

    L'_____ de la photo n'en est pas à sa première campagne polémique. Il s'appelle Oliviero Toscani. Les pubs Benetton avec ces photos _____ dénonçaient le racisme ou l'isolement des malades du sida, c'était déjà _____ . Cette fois il s'attaque aux dérives de la _____ .

    -"Ce que j'ai voulu montrer, c'est le résultat quand on essaie de _____ à un mannequin aujourd'hui. Si vous enlevez la robe, voilà _____ vous voyez."

    Pour modèle, Toscani a choisi une vraie _____ . Isabelle Caro est française. Elle est anorexique depuis plus de _____ ans et pèse _____ kilos. Pour elle, cette photo est un cri d'alarme.

    -"Je me suis sentie comme dans le devoir d'alerter, (de montrer) et de montrer la vérité. C'est-à-dire de montrer _____ ça pouvait mener, c'est-à-dire vers l'enfer, (vers l'enfer) et vers la mort. J'espère que ça va faire réagir les jeunes filles qui commencent à _____ , qui ne se rendent pas compte _____ elles vont."

    Choquer pour sensibiliser. Certains psychiatres doutent que la campagne _____ réellement efficace.

-"Ça fait parler de cette maladie, donc ça c'est plutôt une bonne chose. Mais à _____ moment ça ne peut réveiller une conscience, _____ l'anorexie mentale n'est pas un choix philosophique, c'est pas une option politique. L'anorexie mentale, c'est une maladie. C'est une maladie qui, _____ son nom l'indique, mentale, est d'ordre psychologique, un trouble majeur des échanges affectifs."

En France les photos ne sont pas affichées. Le bureau de vérification de la pubilicité les a jugées _____ choquantes.

가. 문장 분석 및 어휘 연구

■(Ant)선행사, (AO)목적어속사, (AS)주어속사, (CAG)동작주보어, (COD)직접목적보어, (COI)간접목적보어, (N)부정, (PI)의문대명사, (PR)관계대명사, (S)주어, (SI)비인칭주어, (V)동사, (Vaux)조동사, (Vcond)조건법, (VFA)전미래, (VFP)근접미래, (VFS)단순미래, (Vgér)제롱디프, (VIMP)반과거, (Vimpé)명령법, (Vinf)동사원형, (Vpas)수동태, (VPC)복합과거, (Vpp)과거분사, (Vppr)현재분사, (VPQP)대과거, (Vsubj)접속법.

Jusqu'où (Vaux)peut-on(S) (Vinf)aller dans la publicité?

■publicité(n. f.) activité commerciale ayant pour but de faire connaître un produit. 광고.

광고가 어디까지 갈 수 있을까요(=광고의 한계는 어디일까요)?

La question(S) est posée(Vpas) avec cette image-choc.

■동사구 poser une/la/des question(s) '질문하다.' ■image(n. f.) représentation d'une personne ou d'une chose. 초상, 사진. ■choc(n. m.) rencontre violente de deux corps. emotion violente, traumatisme. 충격. ■복합명사 image-choc(n. f.) [명사-명사] 선행하는 명사의 성수 지배 (예: pause-café).

이 질문은 이 충격적인 사진과 함께 제기되었습니다.

Cette affiche(Ant) (PR)qui fait(V) (COD)scandale en Italie en pleine semaine de la mode.

■affiche(n. f.) feuille imprimée ou écrite pour avertir le public de qc. 포스터. ■scandale(n. m.) ce qui heurte la conscience morale. 스캔들, 추문. ■mode(n. f.) manière de se vêtir. industrie/commerce du vêtement. 패션.

이 포스터는 이탈리아 패션위크에서 화제를 일으키고 있습니다.

(S)Une jeune femme décharnée pose(V) nue pour une marque italienne(Ant) (PR)qui prétend(V) (Vaux)vouloir(Vinf) (Vinf)lutter contre l'anorexie.

■décharné(a.) dépouillé de sa chair. amaigri, 살이 없는, 야윈. ■nu(a.) qui n'est pas vêtu. 벌거벗은. ■동사 poser와 함께 쓰인 형용사 nu는 부사처럼 해석. (참고) manger léger '가볍게 먹다', boire frais '차게 마시다.' ■marque(n. f.) empreinte mise sur les marchandises. marque de fabrique. 상표. ■prétendre(v. t. et pron.) réclamer, affirmer. 자신이 ~라고 주장하다. ■lutter(v. t.) combattre, s'efforcer, militer. (와) 싸우다, (에) 맞서다, 반대운동을 벌이다. ■anorexie(n. f.) absence d'appétit. 거식증.

매우 마른 한 젊은 여성이 거식증에 대항해 싸우기 원한다고 주장하는 한 이탈리아의 브랜드를 위해 벌거벗은 채로 포즈를 취하고 있습니다.

(S)L'auteur de la photo (N)n'en est(V) (N)pas à sa première campagne polémique. (S)Il s'appelle(V) Oliviero Toscani.

■campagne(n. f.) opération de propagande politique ou commerciale. 캠페인. ■ polémique(n. f.) controverse. 논쟁의. déclencher une polémique.

이 포스터의 작가는 이미 논쟁을 일으키는 광고들을 제작한 바 있습니다. 그의 이름은 올리비에로 토스카니입니다.

Les pubs Benetton avec ces photos(Ant) (PR)qui (VIMF)dénonçaient (COD)le racisme ou l'isolement des malades du sida, (SI)c'était(VIMF) déjà (AS)lui.

■pub(n. f.) abréviation familière de publicité. 광고. ■dénoncer(v. t.) signaler à l'autorité. 고발하다. ■racisme(n. m.) doctrine selon laquelle il existe une hiérarchie des races humaines. 인종차별. ■isolement(n. m.) état d'une personne, d'une chose isolée. 고립, 소외.

인종차별주의 또는 에이즈 환자들의 격리 등을 알렸던 사진의 베네통 광고, 그때에도 (이미) 토스카니였습니다.

Cette fois (S)il s'attaque(V) (COI)aux dérives de la mode.

■s'attaquer à(v. pron.) diriger une attaque contre, provoquer. 공격하다, 비난하다. ■dérive(n. f.) le fait de se laisser entraîner, de s'écarter. 빗나감, 일탈.

이번에 그는 패션의 일탈에 대해 비판합니다.

-"(Ant)Ce que(PR) (S)j'ai voulu(VPC) (Vinf)montrer, (SI)c'est(V) (AS)le résultat quand (S)on (V)essaie de (Vinf)ressembler (COI)à un mannequin aujourd'hui.

■사진작가의 인터뷰. ■résultat(n. m.) ce qui résulte d'une action, d'un fait, d'un principe. 결과. ■mannequin(n. m.) personne qui présente les modèles de collections chez les grands couturiers. ■[ce que…, c'est que] 그리고 [voilà, ce que…] 강조 구문.

"내가 (이 사진을 통해) 보여주고 싶었던 것은 오늘날 사람들이 모델과 닮으려고 노력할 때(의) 결과입니다.

Si (S)vous (V)enlevez (COD)la robe, voilà(Ant)ce que(PR) (S)vous (V)voyez."

■enlever(v. t.) priver de. faire disparaître. 없애다, 빼다.

"만약 당신이 (모델의) 원피스를 벗긴다면, 당신이 보게 될 것은 바로 (모델의) 이런 모습입니다."

Pour modèle, (S)Toscani a choisi(VPC) (COD)une vraie victime. (S)Isabelle Caro (V)est (AS)française.

■victime(n. m.) personne qui subit les mauvais traitements, etc. 희생자, 피해자.

토스카니는 실제 희생자 한 명을 모델로 선택했습니다. 이자벨 카로는 프랑스인입니다.

(S)Elle (V)est (AS)anorexique depuis plus de quinze ans et (V)pèse (AS)trente-et-un kilos.

■anorexique(a.) qui souffre d'un manque d'appétit. 거식증의. Elle souffre d'anorexie. ■peser(v. t. et i.) avoir un certain poids. 무게가 나가다.

그녀는 15년 이상 거식증을 앓아 왔으며 그녀의 체중은 31킬로그램입니다.

Pour elle, (S)cette photo (V)est (AS)un cri d'alarme.

■cri(n. m.) appel. paroles prononcées de manière à être entendues au loin. 외침, 비명. ■alarme(n. f.) vive inquiétude. 경보, 위험신호.

그녀에게 있어 이 사진은 경고의 외침입니다.

-"(S)Je me suis sentie(VPC) comme dans le devoir d'alerter(Vinf) (de montrer) et de (Vinf)montrer (COD)la vérité.

■모델의 인터뷰. ■alerter(v. t.) avertir d'un péril. éveiller l'attention. 경고하다. ■vérité(n. f.) propos vrai. 진실.

"저는 경고하는 것이 제 의무라고 느꼈습니다. 진실을 보여줘야 한다고 생각했어요."

C'est-à-dire de montrer(Vinf) où (SI)ça (Vaux)pouvait(VIMF) (Vinf)mener, c'est-à-dire vers l'enfer, (vers l'enfer) et vers la mort."

■mener(v. t.) conduire, entraîner. '(강제로) 끌고 가다. (결과를) 초래하다.' ■enfer(n. m.) situation intolérable. 지옥. ■부정법구문 [de montrer] [de montrer la vérité]는 명사 le devoir 수식 반복 구조.

"즉, 이것(=거식증)이 어디에 이르게 하는지를 알려야 한다고 생각했습니다. 다시 말해 (거식증이) 지옥과 죽음으로 이르게 할 수 있다는 것을 알려야만 한다고 느꼈어요."

"(S)J'espère(V) que (SI)ça va(VFP) (Vinf)faire (Vinf)réagir (COD)les jeunes filles(Ant) (PR)qui commencent(V) à faire(Vinf) (COD)un régime, qui (N)ne se rendent(V) pas(N) (COD)compte où (S)elles (V)vont."

■réagir(v. t.) exercer une réaction. 반응하다, 영향을 미치다. ■[commencer à 동사원형] '~을 시작하다.' ■faire un régime '다이어트하다.' ■se rendre compte (=s'apercevoir) '~을 이해하다, 알아채다.'

"저는 이 광고가 다이어트를 시작하는 젊은 여성들에게 반향을 일으키길 바랍니다. (다이어트의) 결과가 어디에 이를지 알지 못하는 그녀들에게요."

Choquer(Vinf) pour (Vinf)sensibiliser. Certains psychiatres(S) doutent(V) que (S)la campagne soit(Vsubj) réellement (AS)efficace.

■sensibiliser(v. t.) faire prendre conscience, faire réagir, attirer l'attention. 민감하게 하다, 관심을 갖도록 만들다. ■psychiatre(n. c.) médecin qui traite les maladies mentales. 정신과 의사, 정신의학자. ■[douter que 종속절(접속법)] 불확실한 내용 전달.

관심을 갖게 하기 위해 충격을 주는 광고. 일부 정신과 의사들은 이 캠페인이 실제로 효력이 있는지 의심합니다.

-"Ça(SI) fait(V) (Vinf)parler (COI)de cette maladie, donc ça (SI)c'est(V) plutôt (AS)une bonne chose.

■정신과 의사의 인터뷰.

"(이 광고는) 이 병(=거식증)에 대해서 말하게 하니까, (이러한 여론의 환기는) 비교적 좋은 것입니다."

Mais à (N)aucun moment (SI)ça ne(N) peut(Vaux) réveiller(Vinf) (COD)une conscience, puisque (S)l'anorexie mentale (N)n'est(V) (N)pas (AS)un choix philosophique, (SI)c'est(V) (N)pas (AS)une option politique."

■동사구 réveiller une conscience '~을 의식/자각하다.' ■[ne…ni…ni] ~도 아니다. [puisque l'anorexie mentale n'est ni un choix philosophique, ni une option politique].

"하지만 어떠한 순간에도 이 광고가 (거식증 환자의) 의식을 일깨우지 못합니다. 왜냐하면 정신적인 (병인) 거식증은 철학적 선택도 아니며, 정치적 선택도 아니기 때문입니다."

-"L'anorexie, (SI)c'est(V) (AS)une maladie mentale.
(SI)C'est(V) (AS)une maladie(Ant) (PR)qui, comme (S)son nom
(COD)l'indique(V), mentale, est(V) (AS)d'ordre psychologique,
un trouble majeur des échanges affectifs."

■강조 구문[c'est…qui…]. ■삽입구[comme son nom l'indique].

"거식증은 정신적인 질병입니다. 그 이름 그대로, (정신적인 질병인 거식증은) 심리적
질병이며 감정 교환의 심각한 장애입니다."

En France (S)les photos (N)ne sont(Vaux) (N)pas affichées(Vpas).
Le bureau de vérification de la pubilicité(S) (COD)les a
jugées(VPC) trop (AO)choquantes.

■vérification(n. f.) surveillance, contrôle. 점검, 확인. ■직접목적보어(les=les
photos)가 동사구 앞에 위치 과거분사 형태[affichées]는 직목의 성수 일치(es추가).

프랑스에서는 이 (광고) 사진들이 게시되지 않을 것입니다. (프랑스)광고검증국은 이
사진들이 지나치게 충격적이라고 판단해서 해당 광고를 승인하지 않았습니다.

나. 작문 연습 및 심화 학습

1. 중국에서 인터넷의 통제는 어디까지 갈 수 있을까?
   ■Jusqu'où aller
2. 일본에서 너무 짧은 기모노가 추문을 일으켰다.
   ■faire scandale (kimono)
3. 얀 베르트랑의 (영화) <홈>은 환경 의식을 깨우는 데 공헌할 것인가?
   ■contribuer (Yann Bertrand, Home)

4. 우리는 잃고 나서야 그 물건의 가치를 알아차린다.

■se rendre compte

5. 마이크로소프트가 구글의 독점 폐해를 고발한다.

■(Microsoft, Google)

6. 동물보호단체의 경고의 외침.

■cri d'alarme

7. 그는 이번이 최초의 자살 시도가 아니다!

■n'en être

8. 프랑스어의 다양한 관용적 표현들을 통해 풍부한 어휘력을 길러 보세요.

(1) Il ne porte pas son âge?

① On ne sait pas quel âge lui donner.　② Il paraît plus âgé qu'il n'est en réalité.

③ Il paraît plus jeune qu'il n'est en réalité.

(2) Il a pris ses cliques et ses claques?

① Il a essuyé beaucoup d'échecs.　② Il est venu avec toute sa bande.

③ Il est parti en emportant toutes ses affaires.

(3) On verra cela à Pâques ou à la Trinité?

① Il faut qu'on voie cela rapidement.　② On verra cela le plus tard possible.

③ On verra cela au printemps.

(4) Elle a su tirer son épingle du jeu?

① Elle s'est habillée avec soin.

② Elle s'est dégagée avec habileté d'une mauvaise situation.

③ Elle a éliminé tous ses adversaires.

(5) Il vit de l'air du temps?

① Il est sans ressources.　② C'est un bon vivant.

③ Il est d'humeur très changeante.

(6) Il nous a fait faux bond?

① Il est passé devant nous.　② Il nous est tombé dessus sans prévenir.

③ Il n'est pas venu à notre rendez-vous.

(7) Il la mène en bateau?

① Il lui raconte des mensonges.　② Il lui apprend à naviguer.

③ Il la soigne comme une princesse.

(8) C'est une histoire à dormir debout?

① C'est une vieille histoire qui n'intéresse plus personne.

② C'est une histoire effrayante.

③ C'est une histoire invraisemblable.

(9) Ainsi on fait d'une pierre deux coups?

① A agir ainsi, on est sûr de tout perdre.

② Agir ainsi, c'est vouloir une chose et son contraire.

③ En agissant ainsi, on règle deux affaires en même temps.

(10) Faire des économies de bouts de chandelles?

① Surveiller toutes ses dépenses　② Faire des économies insignifiantes

③ Réduire radicalement ses dépenses

(11) Ils tirent le diable par la queue?

① Ils ont du mal à vivre.　② Ils font sans cesse des histoires.

③ Ils n'ont peur de rien.

(12) Il a fait les quatre cents coups?

① Il a mené une vie très agitée.　② Il a servi dans la Légion étrangère.

③ C'est un enfant sauvage.

(13) Il rit jaune?

① Il se force à rire mais n'en a pas du tout envie.

② Il a les dents jaunies par la nicotine.

③ Il se retient de rire.

(14) Si vous faites beaucoup d'efforts pour très peu de résultats, on dit que vous
pédalez dans _____.

① la choucroute　　② le cassoulet　　③ le couscous

(15) Si un français vous dit qu'il est crevé, cela signifie qu'il est _____.

① inquiet　　② malade　　③ fatigué

(16) Que signifie l'expression perdre la boule?

① être ridicule　　② devenir fou　　③ devenir chauve

(17) Quand vous êtes en pleine forme, on dit que vous avez _____.

① la banane　　② la pêche　　③ la pomme

(18) Être près de ses sous ?

① Ne pas avoir beaucoup d'argent　　② Être économe

③ Dépenser sans compter

(19) Graisser la patte à qn ?

① Se remplir les poches　　② Faire du chantage

③ Donner de l'argent à qn en échange d'une faveur

(20) Il est au septième ciel !

① Il a mal au coeur　　② Il est dans les nuages　　③ Il se sent très bien

Drôles d'idées
de Ryanair

18. Drôles d'idées de Ryanair

아일랜드 저가 항공사의 놀라운 정책에 관한 기사
(2009-7-6 www.lePoint.fr)

La compagnie aérienne irlandaise à bas coûts Ryanair a indiqué lundi qu'elle discutait avec le constructeur américain Boeing de la possible installation à bord de supports permettant à une douzaine de passagers de voyager quasiment debout.

La dernière idée de Ryanair n'en est qu'à "un stade de développement très précoce", a insisté le porte-parole Stephen McNamara.

Il a cependant précisé qu'il pourrait s'agir d'installer d'un côté de l'avion quatre rangs de trois supports, munis de ceinture de sécurité et "de tous les équipements de sécurité" permettant à une douzaine de passagers de voyager "assis verticalement."

-"Ils ne seraient pas complètement debout, ils auraient quelque chose comme un tabouret sur lequel s'appuyer ou s'asseoir", a expliqué Stephen McNamara, qui a remarqué que la compagnie chinoise Spring Airlines était elle-même en discussion avec Airbus pour une adaptation similaire.

Les sièges seraient gratuits ou avec une réduction allant jusqu'à 50%, selon Stephen McNamara. Ryanair, qui a une flotte composée de 737-800 ne discute qu'avec Boeing de cette affaire, "pour voir d'abord si c'est possible sur notre flotte actuelle."

Mais "si Boeing ne peut pas le faire nous n'irons pas plus loin", a souligné M. McNamara, remarquant qu'il faudrait ensuite, le cas échéant, obtenir l'aval de l'Autorité de l'aviation irlandaise avant de lancer le projet.

Récemment, le projet de faire payer l'utilisation des toilettes de l'avion, qui avait beaucoup fait parler de Ryanair dans les médias, avait été repoussé sine die, avec explication que Boeing n'était pas en mesure de construire le dispositif adapté sur la porte des toilettes.

On en parlait depuis plus d'un an, cette fois c'est officiel : même si elle n'annonce pas de date pour son entrée en vigueur, la compagnie aérienne irlandaise à bas coûts Ryanair a confirmé qu'elle allait faire payer les toilettes dans ses avions.

Ryanair continue de communiquer sur des tarifs qui restent très attractifs, mais il ne faut plus se fier au prix de base affiché lorsque vous prenez votre billet : à celui-ci et aux taxes vont s'ajouter d'autres coûts.

Le prix d'un bagage en soute a quasiment doublé récemment. Le passager est obligé d'enregistrer son vol en ligne. Cet enregistrement, qui était gratuit, est maintenant payant.

La dernière idée, c'est donc de faire payer pour l'usage des toilettes (cela coûtera un euro). Mieux : Ryanair n'en laisserait plus qu'une par avion, ce qui permettrait de récupérer de la place pour installer six sièges supplémentaires.

La compagnie justifie sa décision dans un communiqué. Il n'y est pas question de gagner de l'argent, mais de "changer le comportement des passagers, pour qu'ils aillent aux toilettes avant et après le vol. Cela permettra de libérer de la place pour permettre à plus de gens de voyager moins cher."

Le gagnant, à en croire la compagne, c'est donc le passager.

가. 문장 분석 및 어휘 연구

■(Ant)선행사, (AO)목적어속사, (AS)주어속사, (CAG)동작주보어, (COD)직접목적보어, (COI)간접목적보어, (N)부정, (PI)의문대명사, (PR)관계대명사, (S)주어, (SI)비인칭주어, (V)동사, (Vaux)조동사, (Vcond)조건법, (VFA)전미래, (VFP)근접미래, (VFS)단순미래, (Vgér)제롱디프, (VIMP)반과거, (Vimpé)명령법, (Vinf)동사원형, (Vpas)수동태, (VPC)복합과거, (Vpp)과거분사, (Vppr)현재분사, (VPQP)대과거, (Vsubj)접속법.

La compagnie aérienne irlandaise à bas coûts Ryanair(S) a indiqué(VPC) lundi qu'elle(S) discutait(VIMF) avec le constructeur américain Boeing (COI)de la possible installation à bord de supports (Vppr)permettant (COI)à une douzaine de passagers de (Vinf)voyager quasiment debout.

■coût(n. m.) prix, valeur. 가격. ■[permettant…]=[supports qui permettent de voyager quasiment debout à une douzaine de passagers]. ■quasiment(ad.) presque. 거의.

아일랜드 저가 항공사인 라이안에어는 미국 항공제조사인 보잉과 12명의 승객을 거의 서서 여행하게 해주는 장치의 설치가 가능한지에 대해 의논했다고 월요일 밝혔다.

La dernière idée de Ryanair(S) n'en est(V) qu'à "un stade de développement très précoce", a insisté(VPC) (S)le porte-parole Stephen McNamara.

■précoce(a.) qui se produit plus tôt que d'ordinaire. 이른. 조숙한. ■porte-parole(n. m. invar.) celui qui parle au nom d'une autre personne. 대변인. ■동사구 [n'en être que…]는 '단지 ~한 상태에 있다.' ■직접 인용문 뒤에 동사와 주어[a insisté le porte-parole Stephen McNamara]가 도치된 어순.

라이언에어의 이 최근 (비행기입석) 기획은 '아주 초기적 개발 단계'에 있을 뿐이라고 대변인 스테판 맥나마라가 강조했다.

Il$_{(S)}$ a$_{(Vaux)}$ cependant précisé$_{(VPC)}$ qu'il$_{(SI)}$ $_{(Vaux)}$pourrait$_{(Vcond)}$ $_{(Vinf)}$s'agir d'installer$_{(Vinf)}$ d'un côté de l'avion $_{(COD)}$quatre rangs de trois supports, munis de ceinture de sécurité et "de tous les équipements de sécurité" $_{(Vppr)}$permettant $_{(COI)}$à une douzaine de passagers de $_{(Vinf)}$voyager "assis verticalement."

■rang(n.m.) disposition de choses sur une même ligne. (좌석 따위의) 열. ■support(n.m.) ce qui soutient une chose. 받침대, 버팀대. ■[muni de qc] ~을 갖춘. ■sécurité(n.f.) état dans lesquels on n'est pas exposé au danger. 안전. ■équipement(n.m.) ce qui sert à équiper. matériel, outillage. 장비(의 설치). ■[voyager "assis verticalement"]에서 형용사 assis는 동사 voyager를 수식하여 부사처럼 해석(형용사의 부사적 용법). ■verticalement(ad.) perpendiculairement au plan de l'horizon. 수직으로.

하지만 그는 (비행기 입석이란) 비행기 측면에 세 개의 받침 좌석 네 열을 설치하는 일이라고 지적했다. (이 받침 좌석은) 안전벨트와 모든 '안전장치'를 갖추고 12명 정도의 승객들이 '수직으로 앉아서' 여행할 수 있도록 해 줄 것이다.

-"Ils$_{(S)}$ $_{(N)}$ne $_{(Vcond)}$seraient pas$_{(N)}$ complètement debout, ils$_{(S)}$ $_{(Vcond)}$auraient $_{(COD)}$quelque chose$_{(Ant)}$ comme un tabouret sur lequel$_{(PR)}$ $_{(Vinf)}$s'appuyer ou $_{(Vinf)}$s'asseoir", a expliqué$_{(VPC)}$ $_{(S)}$Stephen McNamara$_{(Ant)}$, $_{(PR)}$qui a remarqué$_{(VPC)}$ que la compagnie chinoise Spring Airlines$_{(S)}$ $_{(VIMF)}$était elle-même en discussion avec Airbus pour une adaptation similaire.

■[a expliqué Stephen McNamara]=[selon Stephen McNamara] ■adaptation(n. f.) action d'adapter, son résultat. 적응. ■similaire(a.) semblable. 유사한. ■동사구 être en discussion avec '~와 토의/협상 중이다.' ■[Stephen McNamara a remarqué que la compagnie chinoise Spring Airlines était elle-même en discussion avec Airbus pour une adaptation similaire à l'adaptation proposée par Ryanair.]

"그들(승객)은 완전히 서 있는 것은 아니며 지지대에 기대거나 앉을 수 있을 것(=기대거나 앉을 수 있는 지지대 같은 것을 가질 것)이다"라고 스테판 맥나마라는 설명했다. 또한 그는 중국 항공사 스프링 에어라인즈도 유사한 적용에 대해서 보잉사와 의논 중이라고 지적했다

Les sièges(S) seraient(Vcond) (AS)gratuits ou avec une réduction (Vppr)allant jusqu'à 50%, selon Stephen McNamara.

■siège(n. m.) meuble fait pour s'asseoir. 의자, 좌석. ■gratuit(a.) qu'on donne pour rien. qui n'est pas payant. 무료의. ■réduction(n. f.) action de réduire. résultat de cette action. 할인.

이 좌석들은 무료거나 50%의 가격으로 제공될 것이라고 스테판 맥나마라는 말했다.

(S)Ryanair(Ant), (PR)qui a(V) (COD)une flotte composée de 737-800 ne discute(V) qu'avec Boeing (COI)de cette affaire, "pour (Vinf)voir d'abord si (SI)c'est(V) (AS)possible sur notre flotte actuelle."

■flotte(n. f.) flotte aérienne : formation d'avions. 총 보유 비행기. ■주절 [Ryanair ne discute qu'avec Boeing de cette affaire], 종속절 [qui a une flotte composée de 737-800] 그리고 부정법구문["pour voir d'abord si c'est possible sur notre flotte actuelle"]으로 확장된 구조.

737기종과 800기종의 비행기를 소유하고 있는 라이안에어는 (이 입석 장비를) 현재 비행기 전체에 설치 가능한지에 대해 알기 위해 보잉사와만 토의 중이다(라고 전했다).

Mais "si (S)Boeing (N)ne (Vaux)peut (N)pas le(COD) (Vinf)faire (S)nous (N)n'irons(VFS) pas(N) plus loin", a souligné(VPC) (S)M. McNamara, (VPRE)remarquant qu'il(SI) faudrait(Vcond) ensuite, le cas échéant, obtenir(Vinf) (COD)l'aval de l'Autorité de l'aviation irlandaise avant de lancer(Vinf) (COD)le projet.

■le cas échéant '그럴 경우.' ■aval(n. m.) engagement d'un tiers, approbation. 지지, 후원. ■aviation(n. f.) science et pratique du vol. 항공. ■lancer(v. t. et pron.) s'engager avec audace dans une entreprise. (사업 따위를) 개시하다. ■[remarquant…]=[M. McNamara a remarqué qu'il faudrait ensuite…].

만약 보잉사가 설치할 수 없다고 하는 경우에는 더 이상 이 계획을 추진하지 않을 것이라고 스테판 맥나마라는 강조했다. 좌석 설치가 가능한 경우에는, (입석 좌석)계획을 실행하기 전에 우선 아일랜드 항공국의 허가를 받아야 한다고 그는 말했다.

Récemment, (S)le projet(Ant) de (Vinf)faire (Vinf)payer (COD)l'utilisation des toilettes de l'avion, (PR)qui avait(Vaux) beaucoup fait(VPQP) (Vinf)parler (COI)de Ryanair dans les médias, (VPQP)avait été repoussé(Vpas) sine die, avec explication que (S)Boeing (N)n'était(VIMF) pas(N) en mesure de construire(Vinf) (COD)le dispositif adapté sur la porte des toilettes.

■récemment(ad.) depuis peu de temps. 최근. ■repousser(v. t. et i.) renvoyer à plus tard. 연기하다. ■sine die. (=à une date indéterminée). 무기한으로.

■**mesure**(n. f.) avoir recours à des moyens. 대책, 수단. ■동사구 **être en mesure de.** '~할 수 있다.' ■**dispositif**(n. m.) mécanisme, appareil. 기기. ■[avec explication que…]=[Ryanair a expliqué que Boeing ne pouvait pas construire le dispositif adapté sur la porte des toilettes.]

최근 비행기 내 화장실 사용의 유료화 계획이 매체에서 라이안에어를 많이 보도하게 했었으나, 보잉사가 라이안에어의 비행기 화장실 문에 필요한 장치를 만들 수 없었다는 설명과 함께 그 계획은 무한정 연기된 바 있다.

(S)On (COI)en (VIMF)parlait depuis plus d'un an, cette fois c'est officiel : même si (S)elle (N)n'annonce(V) (N)pas (COD)de date pour son entrée en vigueur, (S)la compagnie aérienne irlandaise à bas coûts Ryanair a confirmé(VPC) qu'elle(S) allait(VIMF) faire(Vinf) (Vinf)payer (COD)les toilettes dans ses avions.

■**vigueur**(n. f.) effet, efficacité. 효력. en vigueur 시행 중인. ■**entrée en vigueur** 발효(發效).

일 년 넘게 논의해 왔던 계획이 마침내 공식화되었다. (비록 항공사가) 정확한 발효 날짜를 발표하진 않았지만 아일랜드 저가 항공사인 라이안에어는 기내 화장실 사용을 유료화하겠다고 밝혔다.

Ryanair(S) continue(V) de (Vinf)communiquer sur des tarifs(Ant) (PR)qui restent(V) très (AS)attractifs, mais il(SI) (N)ne (V)faut (N)plus (Vinf)se fier (COI)au prix de base affiché lorsque vous(S) (V)prenez (COD)votre billet : (COI)à celui-ci et aux taxes (VFP)vont (Vinf)s'ajouter d'autres coûts(S).

■**communiquer**(v. t. et i.) entrer en communication. 홍보하다, 광고하다.
■**attractif**(a.) qui attire, aux sens propre et figuré. (사람의) 마음을 끄는, 매력적인.

라이안에어는 매우 매력적인 가격을 유지하고 있다지만 여러분이 표를 구입할 때, 광고된 기본 가격을 경계해야 한다. 다른 경비가 기본 가격과 세금에 추가될 것이기 때문이다.

Le prix d'un bagage en soute(S) a(Vaux) quasiment doublé(VPC) récemment. Le passager(S) est(V) obligé d'enregistrer(Vinf) (COD)son vol en ligne. (S)Cet enregistrement(Ant), (PR)qui (VIMF)était (AS)gratuit, est(V) maintenant (AS)payant.

■**soute**(n. f.) partie réservée aux bagages et au fret dans un avion. (항공기의) 화물적재소. ■**동사구 être obligé de.** '~해야만 하다.' ■**enregistrement**(n. m.) inscription. (기계에 의한) 기록, 등록.

탁송 가방(수하물)의 비용은 최근 거의 두 배로 올랐다. 탑승객은 자신의 비행을 온라인으로 등록해야 하며, 이 등록(비용)은 과거 무료였지만 현재 유료이다.

La dernière idée, (SI)c'est(V) donc de (Vinf)faire (Vinf)payer pour l'usage des toilettes ((SI)cela (VFS)coûtera un euro(COD)).

■**payer**(v. t. et i.) rémunérer, régler, rembourser, verser. 지불하다. ■**coûter**(v. t.) valoir. 값이 ~이다. 비용이 들다.

가장 최근 (라이안에어의) 기획(=추가 경비)이 바로 기내 화장실 사용을 유료화하는 것이다. 그 (사용)비용은 1 유로이다.

Mieux : (S)<u>Ryanair</u> (N)<u>n'en</u>(COD) <u>laisserait</u>(Vcond) (N)<u>plus</u> qu'<u>une</u>(AO) par avion, (Ant)<u>ce</u> <u>qui</u>(PR) <u>permettrait</u>(Vcond) de (Vinf)<u>récupérer</u> (COD)<u>de la place</u> pour (Vinf)<u>installer</u> (COD)<u>six sièges supplémentaire</u>s.

■**Mieux**=[Il y a du mieux]. '더 좋은 것이 있다.'

게다가, 라이안에어는 비행기마다 단 한 개의 화장실만을 남길 예정이며, (이 화장실의 축소로) 새로 생긴 공간에는 여섯 개의 좌석을 추가 설치할 자리를 얻게 될 것이다.

<u>La compagnie</u>(S) <u>justifie</u>(V) (COD)<u>sa décision</u> dans un communiqué.

■**communiqué**(n. m.) avis officiel. 공식 성명[발표].

라이안에어는 공식발표에서 이 결정의 정당함을 (다음과 같이) 주장한다.

(SI)<u>Il</u> (N)<u>n'y est</u>(V) <u>pas</u>(N) question de (Vinf)<u>gagner</u> (COD)<u>de l'argent</u>, mais de "(Vinf)<u>changer</u> (COD)<u>le comportement</u> des passagers, pour qu'<u>ils</u>(S) <u>aillent</u>(Vsubj) aux toilettes avant et après le vol.

■비인칭구문[Il est question de]. '~이 문제다, ~에 관한 일이다.' ■[mais <u>il est question</u> de "changer le comportement des passagers.]

(화장실 사용의 유료화 결정은) 돈을 벌기 위한 목적이 아니라, "비행 전이나 후에 화장실을 사용하도록, 탑승객의 행동을 변화시키는 데 목적이 있다."

<u>Cela</u>(SI) <u>permettra</u>(VFS) de (Vinf)<u>libérer</u> (COD)<u>de la place</u> pour (Vinf)<u>permettre</u> (COI)<u>à plus de gens</u> de <u>voyager</u>(Vinf) moins cher."

■[voyager moins cher]에서 형용사 cher는 동사를 수식하는 부사의 기능.

"(화장실 유료로) 더 많은 승객이 적은 비용으로 여행할 수 있도록, (기내) 공간을 확보할 수 있을 것이다."

Le gagnant, à (COI)<u>en</u> (Vinf)<u>croire</u> (COD)<u>la compagne</u>, (SI)<u>c'est</u>(V) donc (AS)<u>le passage</u>r.

■à en croire qn/qc '~을 믿는다면.'

이 항공사의 주장을 믿는다면, (기내 유료 화장실은) 탑승객에게 이익이라는 것이다.

나. 작문 연습 및 심화 학습

1. 라이안에어는 체중이 많이 나가는 승객에게 추가 요금을 받는 기획을 시작했었으나 포기한 바 있다.
   ■lancer, abandonner
2. 모든 비행기는 비행에 앞서 통제소의 허가를 받아야 한다.
   ■recevoir l'aval
3. 뉴스위크지를 믿는다면 조제프 스티클리츠는 세계에서 가장 많이 인용되는 경제학자이다.
   ■à en croire (Newsweek, Joseph Stiglitz)
4. 이란은 핵폭탄을 만들 수 있다.
   ■être en mesure
5. 케스콤은 기업들에게 전화비를 90%까지 절약할 수 있다고 약속한다.

■allant jusqu'à (Quescom)

6. 다논의 저렴한 요구르트가 실패했다.

    ■à bas prix (Danone, bide)

7. 크라이슬러는 피아트와의 미래의 합병에 대한 토론 중이라는 사실을
   부정한다.

    ■en discussion avec (Chrysler, Fiat)

8. 빈칸에 적당한 관계대명사(pronom relatif)를 골라 넣고 완성한 문장을
   한국어로 번역해 보세요.

    (1) Ce sont des problèmes _____ il faut bien réfléchir.

    ① ce dont   ② qu'   ③ auxquels   ④ dont

    (2) Le roman _____ je vous donne et _____ l'auteur est bien connu,
        vient d'être traduit en anglais.

    ① dont, que   ② que, dont   ③ que, que   ④ dont, dont

    (3) Le jour _____ je suis né, il faisait très beau.

    ① quand   ② que   ③ pendant   ④ où

    (4) Il m'a donné un dictionnaire _____ il ne se servait plus.

    ① qu'   ② que   ③ dont   ④ lequel

    (5) J'attends un ami _____ je dois remettre un paquet.

    ① qui   ② à qui   ③ auquel   ④ duquel

    (6) Voici le paquet _____ tu dois lui remettre.

    ① que   ② dont   ③ qui   ④ lequel

    (7) Il m'a remis un paquet sur _____ étaient écrits quelques mots.

    ① quoi   ② lequel   ③ que   ④ où

(8) Tu passeras la rivière, puis tu verras le village _____ ton oncle habite.

① dont　　② que　　③ auquel　　④ où

(9) Ce _____ je pense, je ne dirai à personne.

① qui　　② à quoi　　③ que　　④ dont

(10) Ils travaillent dans des conditions difficiles _____ ils ne sont pas habitués.

① auxquelles　　② que　　③ dont　　④ à quoi

(11) Dans la salle il y avait des étrangers parmi _____ quelques français.

① qui　　② lesquels　　③ que　　④ ce qui

(12) Voilà la personne _____ vous avez besoin.

① que　　② qui　　③ à laquelle　　④ dont

(13) Ce matin j'ai rencontré un ami _____ j'ignorais la présence à Londre.

① dont　　② que　　③ lequel　　④ ce qui

(14) Je lui ai donné un conseil _____ il n'a pas voulu suivre.

① dont　　② qu'　　③ auquel　　④ lequel

(15) Je lui ai donné un conseil _____ il n'a pas profité.

① auquel　　② ce qu'　　③ qu'　　④ dont

(16) Ils s'arrêtèrent devant une rangée d'arbres derrière _____ on voyait un pavillon _____ la façade était sans lumière.

① laquelle, que　　② laquelle, lequel　　③ laquelle, dont　　④ lesquels, où

(17) C'est un philosophe _____ j'ai étudié les œuvres mais _____ je ne partage pas toutes les idées.

① que, que　　② dont, dont　　③ que, dont　　④ dont, que

(18) Il a dit quelque chose d'essentiel. _____ il a dit, c'est essentiel.

① Ce qui   ② Ce que   ③ Ce dont   ④ Ce à quoi

(19) Il joue à quelque chose de dangereux. _____ il joue, c'est dangereux.

① Ce qui   ② Ce que   ③ Ce dont   ④ Ce à quoi

(20) Vous faites quelque chose de bien. _____ vous faites, c'est bien.

① Ce qui   ② Ce que   ③ Ce dont   ④ Ce à quoi

leçon 19

Le Net nous rend idiot?

19. Le Net nous rend idiot?

인터넷의 부작용을 지적한 기사
(2009-6-5 www.lemonde.fr)

Pour moi, comme pour d'autres, le Net est devenu un media universel, le tuyau d'où provient la plupart des informations qui passent par mes yeux et mes oreilles. Les avantages sont nombreux d'avoir un accès immédiat à un magasin d'information d'une telle richesse, et ces avantages ont été largement décrits et applaudis comme il se doit.

Et il semble que le Net érode ma capacité de concentration et de réflexion. Mon esprit attend désormais les informations de la façon dont le Net les distribue : comme un flux de particules s'écoulant rapidement. Auparavant, j'étais un plongeur dans une mer de mots. Désormais, je fends la surface comme un pilote de jet-ski.

Je ne suis pas le seul. Lorsque j'évoque mes problèmes de lecture avec des amis et des connaissances, amateurs de littérature pour la plupart, ils me disent vivre la même expérience. Plus ils utilisent le Web, plus ils doivent se battre pour rester concentrés sur de longues pages d'écriture. Certains des bloggeurs que je lis ont également commencé à mentionner ce phénomène.

Scott Karp, qui tient un blog sur les média en ligne, a récemment confessé qu'il avait complètement arrêté de lire des livres. "J'étais spécialisé en littérature à l'université et je passais mon temps à lire des livres", écrit-il. "Que s'est-il passé?" Il essaie de deviner la réponse : "Peut-être que je ne lis plus que sur Internet, non pas parce que ma façon de lire a changé (c'est-à-dire parce que je rechercherais la facilité), mais plutôt parce que ma façon de PENSER a changé?"

Les anecdotes par elles-mêmes ne prouvent pas grand-chose. Et nous attendons encore des expériences neurologiques et psychologiques sur le long terme, qui nous fourniraient une image définitive sur la façon dont Internet affecte nos capacités cognitives. Mais une étude publiée récemment (.pdf) sur les habitudes de recherches en ligne, conduite par des spécialistes de l'université de Londres, suggère que nous assistons peut-être à de profonds changements de notre façon de lire et de penser.

Dans le cadre de ce programme de recherche de cinq ans, ils ont examiné des traces informatiques renseignant sur le comportement des visiteurs de deux sites populaires de recherche, l'un exploité par la bibliothèque britannique et l'autre par un consortium éducatif anglais, qui fournissent un accès à des articles de journaux, des livres électroniques et d'autres sources d'informations écrites.

En règle générale, ils ne lisent pas plus d'une ou deux pages d'un article ou d'un livre avant de "bondir" vers un autre site. Parfois, ils sauvegardent un article long, mais il n'y a aucune preuve qu'ils y reviendront jamais et le liront réellement.

Les auteurs de l'étude rapportent ceci : "Il est évident que les utilisateurs ne lisent pas en ligne dans le sens traditionnel. Il semblerait presque qu'ils vont en ligne pour éviter de lire de manière traditionnelle."

가. 문장 분석 및 어휘 연구

■(Ant)선행사, (AO)목적어속사, (AS)주어속사, (CAG)동작주보어, (COD)직접목적보어, (COI)간접목적보어, (N)부정, (PI)의문대명사, (PR)관계대명사, (S)주어, (SI)비인칭주어, (V)동사, (Vaux)조동사, (Vcond)조건법, (VFA)전미래, (VFP)근접미래, (VFS)단순미래, (Vgér)제롱디프, (VIMP)반과거, (Vimpé)명령법, (Vinf)동사원형, (Vpas)수동태, (VPC)복합과거, (Vpp)과거분사, (Vppr)현재분사, (VPQP)대과거, (Vsubj)접속법.

Pour moi, comme pour d'autres, le Net(S) est devenu(Vpas) (AS)un media universel, le tuyau d'où provient(V) (S)la plupart des informations(Ant) (PR)qui passent(V) par mes yeux et mes oreilles.

■tuyau(n. m.) tube, canalisation. 관, 통, 파이프. ■provenir(v. i.) être originaire de. résulter. 유래하다.

다른 사람들처럼 나에게도 인터넷은 보편적 미디어가 되었다. (인터넷은) 내 눈과 귀를 통해 지나는 대부분의 정보가 나오는 통로이다.

Les avantages(S) sont(V) (AS)nombreux d'avoir(Vinf) (COD)un accès immédiat (COI)à un magasin d'information d'une telle richesse, et ces avantages(S) (VPC)ont été largement décrits(Vpas) et (VPC)applaudis(Vpas) comme (SI)il se doit(V).

■avantage(n. m.) ce qui est profitable. 장점, 이점. ■동사구 avoir accès à'접근하다.' ■applaudir(v. t.) approuver. 칭찬하다. ■관용적 표현[comme il se doit]=[comme les convenances le recommandent]. '당연히 받아야 할 것을 받다.'

엄청난 양의 정보의 장에 즉각적 접속을 보장해 주는 (인터넷의) 장점은 매우 크며, 마땅히 그래야 하듯이 (이 장점들은) 이미 폭넓게 지적되고 칭송받아 왔다.

Et (SI)il semble(V) que (S)le Net (V)érode (COD)ma capacité de concentration et de réflexion.

■비인칭구문[il semble que…]. '~인 것 같다.' 개연성 정도(의문, 짐작, 소문 등) 표현. ■éroder(v. t.) ronger. détériorer. 침식하다, 부식하다.

인터넷은 나의 집중과 사색의 능력을 퇴화시키는 것 같다.

(S)Mon esprit (V)attend désormais (COD)les informations de la façon(Ant) (PR)dont (S)le Net (COD)les (V)distribue : comme un flux de particules (Vppr)s'écoulant rapidement.

■désormais(ad.) à l'avenir. 이제부터. ■[de la façon dont] '~한 방식으로.'
■s'écouler(v. pron.) se répandre. (인파·시간이) 흐르다.

내 정신은 이제, 작은 세포들이 빠르게 흘러가는 물결처럼, 인터넷이 정보를 분배하는 방식으로 정보를 기대한다.

Auparavant, (S)j'étais(VIMF) (AS)un plongeur dans une mer de mots. Désormais, (S)je (V)fends (COD)la surface comme un pilote de jet-ski.

■plongeur(n. c.) personne qui plonge dans l'eau. 잠수하는 사람. ■fendre(v. t.) progresser dans une masse fluide. 헤쳐 나가다.

예전에 나는 단어의 바다에서 (헤엄치는) 잠수부였다면, 이제 나는 제트 스키 운전자처럼 (단어의 바다) 수면을 스쳐 지나갈 뿐이다.

Je(S) (N)ne (V)suis (N)pas (AS)le seul.

■[le seul=qui a des difficultés de concentration et de réflexion à cause du Net.]

(이러한 사람은) 나 혼자만이 아니다.

Lorsque $_{(S)}$j'évoque$_{(V)}$ $_{(COD)}$mes problèmes de lecture avec des amis et des connaissances, amateurs de littérature pour la plupart, $_{(S)}$ils $_{(COI)}$me disent$_{(V)}$ $_{(Vinf)}$vivre $_{(COD)}$la même expérience.

■**évoquer**(v. t.) faire allusion. mentionner. (문제 따위를) 거론하다, 꺼내다.
■**amateur**(n. m. et a.) qui a une prédilection pour une chose et qui s'y connaît. 애호가.

내가 독서의 문제(어려움)를 대다수 문학애호가들인 내 친구들과 친지들에게 이야기하면, 그들도 (나와) 유사한 경험을 겪는다고 말한다.

Plus $_{(S)}$ils utilisent$_{(V)}$ $_{(COD)}$le Web, plus $_{(S)}$ils $_{(Vaux)}$doivent $_{(Vinf)}$se battre pour $_{(Vinf)}$rester concentrés sur de longues pages d'écriture.

■**se battre**(v. pron.) lutter, combattre. 투쟁하다. ■**[plus··· plus···]** '~하면 할수록, ~하다'(비교급 복문).

인터넷을 쓰면 쓸수록, 장문의 글을 집중해서 읽기 위해 더 고군분투해야 한다는 것이다.

$_{(S)}$Certains des bloggeurs$_{(Ant)}$ $_{(PR)}$que $_{(S)}$je $_{(V)}$lis ont$_{(Vaux)}$ également commencé$_{(VPC)}$ à $_{(Vinf)}$mentionner $_{(COD)}$ce phénomène.

■**mentionner**(v. t.) évoquer, signaler, souligner, remarquer. 언급하다, 기재하다.
■**phénomène**(n. m.) événement, fait, incident. 비정상적인 일, 놀라운 사건.

내가 (평소) 읽는 일부 블로거들도 이 현상에 대해 이야기하기 시작했다.

(S)Scott Karp(Ant), (PR)qui tient(V) (COD)un blog sur les média en ligne, a(Vaux) récemment confessé(VPC) qu'il(S) avait(Vaux) complètement arrêté(VPQP) de (Vinf)lire (COD)des livres.

■tenir(v. t.) garder, posséder, maîtriser, gérer. 운영하다, 관리하다. ■confesser(v. t.) avouer. 고백하다, 인정하다.

인터넷 매체의 블로그를 운영하는 스콧 카프는 최근 책을 읽는 것을 그만두었다고 고백한 바 있다.

"(S)J'étais(VIMF) (AS)spécialisé en littérature à l'université et (S)je (VIMF)passais (COD)mon temps à (Vinf)lire (COD)des livres", (V)écrit-il(S).

■과거의 지속적 상태[étais]나 습관[passais]등을 나타내는 반과거시제. ■직접인용문 뒤 출처를 나타내는 동사와 주어 [écrit-il] 도치 어순.

"대학 시절 내 전공은 문학이었고, (대학 시절) 독서에 많은 시간을 보냈었다"(라고) 그는 (블로그에) 밝힌다.

"(PI)Que (VPC)s'est-il(SI) passé(Vpp)?" (S)Il (V)essaie de (Vinf)deviner (COD)la réponse.

■se passer(v. pron.) avoir lieu. (사건 따위) 벌어지다. 일어나다. ■deviner(v. t.) trouver l'explication de. 짐작하다, 알아맞히다.

> "Peut-être que (S)je (N)ne (V)lis (N)plus que sur Internet, (N)non pas parce que (S)ma façon de lire a changé(VPC) (c'est-à-dire parce que (S)je rechercherais(Vcond) (COD)la facilité), mais plutôt parce que (S)ma façon de PENSER a changé(VPC)?"

■[Peut-être que…]는 앞서 나온 [il semble que…]와 같이 화자의 짐작이나 추측.
■[ne… plus que…] '~를 제외하고는 더 이상 ~하지 않다.' ■[non pas A mais (plutôt) B] 'A가 아니라 B이다.' non pas [parce que ma façon de lire a changé], mais plutôt [parce que ma façon de PENSER a changé].

"아마 내가 인터넷 (독서) 이외는 더 이상 (책을) 읽지 않는 이유는 나의 독서하는 방식이 변해서가 아니라, 즉 내가 쉬운 (독서) 방법을 찾기 때문(이 아니라), 나의 사고하는 방식 자체가 (인터넷 때문에) 변했기 때문인 것 같다."

> Les anecdotes(S) par elles-mêmes (N)ne (V)prouvent (N)pas (COD)grand-chose.

■anecdote(n. f.) histoire, événement, fait divers. 일화(逸話), 기담(奇談), 뒷이야기.

이러한 일화들은 그것들만으로 대단한 것을 증명한 것은 아니다.

Et $_{(S)}$nous $_{(V)}$attendons encore $_{(COD)}$des expériences neurologiques et psychologiques sur le long terme$_{(Ant)}$, $_{(PR)}$qui $_{(COI)}$nous $_{(Vcond)}$fourniraient $_{(COD)}$une image définitive sur la façon$_{(Ant)}$ $_{(PR)}$dont Internet$_{(S)}$ affecte$_{(V)}$ $_{(COD)}$nos capacités cognitives.

■**expérience**(n. f.) épreuve, expérimentation. 시험, 실험. ■**neurologique**(a.) 신경학의. ■**psychologique**(a.) 심리학의. ■**terme**(n. m.) échéance, délai, date. 기한(期限), 기일(期日). ■**affecter**(v. t.) agir sur. (~에) 영향을 미치다, 작용하다. ■**cognitif**(a.) qui a rapport à la connaissance. 인식의, 인지의.

우리는 인터넷이 우리의 인지 능력에 영향을 미치는 방식에 대한 결정적인 결과를 알려 줄 장기적으로 이뤄진 신경·심리학적인 실험을 기다려야 할 것이다.

Mais $_{(S)}$une étude publiée récemment (.pdf) sur les habitudes de recherches en ligne, conduite par des spécialistes de l'université de Londres, suggère$_{(V)}$ que $_{(S)}$nous $_{(V)}$assistons peut-être $_{(COI)}$à de profonds changements de notre façon de lire et de penser.

■**récemment**(ad.) dernièrement. 최근 들어, 최근에. ■**en ligne** : se dit d'un matériel lorsqu'il fonctionne en relation directe avec un autre (anglais: on-line). ■**profond**(a.) grand, important. 대단한, 전적인. ■**changement**(n. m.) transformation, remaniement, bouleversement, renouvellement, modification. 변화. ■[de 복수형용사 복수명사] : [de profonds changements]

하지만 최근 (.pdf 형태로) 출판된 런던 대학의 전문가들에 의해 이뤄진 인터넷 (자료) 연구 성향에 대한 연구 (결과)는 우리가 독서와 사고의 방식에 있어 커다란 변화를 겪고 있다고 시사한다.

Dans le cadre de ce programme de recherche de cinq ans, (S)ils <u>ont examiné</u>(VPC) (COD)<u>des traces informatiques</u> (Vppr)<u>renseignant</u> sur le comportement des visiteurs de <u>deux sites populaires de recherche</u>(Ant), l'un <u>exploité</u>(Vpp) (CAG)<u>par la bibliothèque britannique</u> et l'autre (CAG)<u>par un consortium éducatif anglais</u>, (PR)<u>qui fournissent</u>(V) (COD)<u>un accès</u> (COI)<u>à des articles de journaux, des livres électroniques et d'autres sources d'informations écrite</u>s.

■**dans le cadre de**. '~의 범위 내에서.' ■동사구 **fournir un accès à**. '접근을 허용하다.' ■[**l'un… et l'autre…**]=[l'un site (populaire de recherche) qui est exploité par la bibliothèque britannique et l'autre site (populaire de recherche) exploité qui est exploité par un consortium éducatif anglais.]

5년의 연구 계획으로 (런던 대학의) 학자들은 두 개의 인기 검색 사이트를 방문하는 사람들의 정보 흔적을 연구했다. 하나는 영국도서관이 운영하는 검색 사이트이고 또 다른 사이트는 영어교육연합에 의해 운영되고 있다. (이 두 개의 인기 검색 사이트는) 신문 기사, 전자책 그리고 다른 문서 정보를 제공한다.

En règle générale, (S)ils (N)<u>ne</u> (V)<u>lisent</u> (N)<u>pas</u> (COD)<u>plus d'une ou deux pages</u> d'un article ou d'un livre avant de "<u>bondir</u>(Vinf)" vers un autre site.

■부사구 **en règle générale**. '대체적으로/대다수의 경우.' ■동사 "**bondir**"와 강조를 나타내는 따옴표는 사이트 방문자들의 지나치게 빠른 이동을 나타내기 위해 사용.

일반적으로, (이 두 개의 인기 검색 사이트의) 이용자들은 소논문이나 책을 한, 두 쪽 이상 읽기도 전에 다른 사이트로 이동한다(는 것이다).

Parfois, (S)ils sauvegardent(V) (COD)un article long, mais (SI)il (N)n'y a(V) (N)aucune (COD)preuve(Ant) (PR)qu'ils(S) y reviendront(VFS) jamais(N) et (COD)le liront(VFS) réellement.

■parfois(ad.) quelquefois. 이따금, 가끔. ■sauvegarder(v .t.) enregistrer, garder, préserver, conserver. 저장하다. ■preuve(n. f.) confirmation, témoignage, justification, attestation. 증거, 근거, 증명, 표시.

종종, 이용자들은 긴 논문을 저장하기도 하지만, 그들이 긴 논문(사이트)으로 다시 오는지 혹은 실제로 그들이 그 긴 논문을 읽는지에 대한 어떤 증거도 없다.

(S)Les auteurs de l'étude (V)rapportent (COD)ceci : "(SI)Il (V)est (AS)évident que (S)les utilisateurs (N)ne (V)lisent (N)pas en ligne dans le sens traditionnel. (SI)Il semblerait(Vcond) presque qu'ils(S) (V)vont en ligne pour (Vinf)éviter de lire(Vinf) de manière traditionnelle."

■évident(a.) certain, éclatant, clair. 분명한, 확실한, 명백한. ■비인칭구문과 조건법[il semblerait que…] 그리고 부사presque의 사용은 보충절[qu'ils vont en ligne pour éviter de lire de manière traditionnelle] 내용에 대한 화자의 추측.

(이 연구의) 저자들은 (다음과 같이) 보고한다. (검색 사이트의) 이용자들이 명백하게 전통적인 방식으로 독서하지 않는다는 것과 (바로 이러한) 전통적인 독서를 피하기 위해 (검색 사이트의 이용자들이) 인터넷을 검색하는 것 같다고 밝히고 있다.

나. 작문 연습 및 심화 학습

1. 당신이 링크를 클릭하면 할수록, 기업들은 당신에게 광고를 보낼 더 많은 기회를 가지게 된다.

■Plus…plus

2. 지속가능발전을 위해서는 우리가 생산하고 소비하는 방법 그리고 우리가 사는 방법을 변화시켜야 한다.

■de la manière (développement durable 환경을 보호하고 빈곤을 구제하며, 장기적으로는 성장을 이유로 단기적인 자연자원을 파괴하지 않는 경제적인 성장을 창출하기 위한 방법들의 집합)

3. 구글이 지능을 높여주는 음료수(사업)에 뛰어든다.

■rendre intelligent (Google)

4. 대다수의 아프리카인들은 여전히 깨끗하고 마실 수 있는 물을 확보하지 못했다.

■avoir accès (eau potable)

5. 오바마 대통령은 의료보험 개혁안 통과를 위해 계속 투쟁하겠다고 약속했다.

■promettre (réforme de l'assurance maladie, Obama)

6. 평생교육의 범위 안에서, 모든 성인들은 교육의 기간과 과목을 번갈아가며 선택할 수 있다.

■dans le cadre (formation continue)

7. 그가 시험에 합격하지 못한 것은 아파서가 아니라 공부를 충분히 하지 않았기 때문이다.

■non pas…mais plutôt

8. 다음은 방송인 베르나르 피보에 의해 유명해진 프랑스 작가 프루스트의 질문지(questionnaire de Proust)의 내용입니다. 여러분의 대답을 프랑스어로 작성해 보세요.

(1) Le bonheur parfait, selon vous?

(2) Où et à quel moment de votre vie avez-vous été le plus heureuse?

(3) Votre dernier fou rire?

(4) Et la dernière fois que vous avez pleuré?

(5) La qualité que vous préférez chez une femme?

(6) Et chez un homme?

(7) La figure historique que vous admirez?

(8) Votre héros ou votre héroïne dans la vie d'aujourd'hui?

(9) Votre musicien préféré?

(10) L'air que vous sifflez sous votre douche?

(11) Votre film culte?

(12) La couleur que vous préférez?

(13) L'oiseau que vous préférez?

(14) La fleur que vous aimez le plus?

(15) Votre auteur favori?

(16) Votre livre de chevet?

(17) Votre boisson préférée?

(18) Votre occupation favorite?

(19) Quel serait votre plus grand malheur?

(20) Et quelle est votre plus grande peur?

(21) Que possédez-vous de plus cher?

(22) Votre plus grand regret?

(23) Comment aimeriez-vous mourir?

(24) Votre devise?

(25) Si vous deviez changer une chose dans votre apparence physique?

(26) Etat présent de votre esprit?

leçon 20

Kim Yu-na et Joannie Rochette

20. Kim Yu-na et Joannie Rochette

2010 밴쿠버 동계 올림픽 여자 피겨 스케이팅 메달리스트 관련 기사
(2010-2-26 www.eurosport.fr)

A seulement dix-neuf ans, Kim Yu-na a patiné à la perfection pour entrer dans l'histoire des Jeux en devenant la première sud-coréenne championne de la discipline, jeudi à Vancouver, où la Canadienne Joannie Rochette, émue, a décroché le bronze en hommage à sa mère décédée dimanche. Depuis le début de la compétition, le Pacific Coliseum de Vancouver n'avait vécu pareille intensité. Jeudi, l'épreuve-reine du patinage artistique a offert son lot d'émotions à un public conquis, qui a vibré au gré du programme de Kim Yu-na et soutenu Joannie Rochette quand elle a commis deux petites erreurs. Mais toutes les deux ont eu droit à une standing-ovation, l'une pour son excellence, l'autre pour son courage.

La star Kim Yu-na, championne du monde en titre, a patiné telle une ballerine et enchaîné ses difficultés techniques avec une aisance incroyable, à commencer par sa combinaison triple lutz-triple boucle piqué. Sur le Concerto en Fa de Gershwin, elle n'a pas tremblé malgré la pression qu'elle portait depuis plusieurs semaines alors qu'elle était l'ultra favorite et que son pays avait mis tous ses espoirs en elle.

-"Je me suis sentie sereine et très calme pendant tout le programme. Après avoir passé les premiers sauts, je me suis dit : 'ça va le faire' mais je n'ai vraiment réalisé qu'une fois sur le podium", a expliqué Kim Yu-na.

La Sud-Coréenne, véritable star devenue millionnaire, a fondu en larmes sur la glace à l'issue de son programme libre. Invaincue depuis son titre mondial il y a un an, elle a obtenu une note record de 150.06 points pour un total, lui aussi historique, de 228.56 points. La jeune femme au joli minois n'en croyait pas ses yeux et est restée bouche bée à l'annonce des notes, que sa plus grande rivale a entendues alors qu'elle s'échauffait sur la glace. La Japonaise Mao Asada, championne du monde 2008, est passée juste après. Le défi était désormais impossible à relever. Asada a obtenu 131.72 pour un total de 205.50 et son visage s'est figé à l'annonce de ses notes. Les deux jeunes femmes se sont retrouvées côte-à-côte sur le podium, une habitude qu'elles entretiennent depuis leurs années junior. Pour la première fois aux J.O., deux Asiatiques ont été médaillés sur une épreuve individuelle de patinage artistique.

Sur la troisième marche, Joannie Rochette, qui avait retenu ses larmes jusque-là, s'est mise à pleurer. Quatre jours auparavant, elle avait perdu sa maman, Thérèse, victime d'une crise cardiaque à son arrivée à Vancouver. Malgré tout, la star nationale, vice-championne du monde 2009, n'a pas renoncé aux Jeux et a épaté par son courage. A l'issue du programme libre, qui lui a valu 131.28 points pour un total de 202.64, elle a envoyé un baiser vers le ciel.

-"Je devais être forte pour ma mère. Quand j'ai appris son décès, j'étais vidée, sans jambes mais il fallait que je retourne sur la glace tout de suite pour me sentir en vie. C'est ce que ma mère aurait voulu…", a-t-elle dit avant de craquer.

가. 문장 분석 및 어휘 연구

■ (Ant)선행사, (AO)목적어속사, (AS)주어속사, (CAG)동작주보어, (COD)직접목적보어, (COI)간접목적보어, (N)부정, (PI)의문대명사, (PR)관계대명사, (S)주어, (SI)비인칭주어, (V)동사, (Vaux)조동사, (Vcond)조건법, (VFA)전미래, (VFP)근접미래, (VFS)단순미래, (Vgér)제롱디프,

(VIMP)반과거, (Vimpé)명령법, (Vinf)동사원형, (Vpas)수동태, (VPC)복합과거, (Vpp)과거분사, (Vppr)현재분사, (VPQP)대과거, (Vsubj)접속법.

A seulement dix-neuf ans, (S)Kim Yu-na a patiné(VPC) à la perfection pour (Vinf)entrer dans l'histoire des Jeux (Vgér)en devenant (AS)la première sud-coréenne championne de la discipline, jeudi à Vancouver(Ant), où (S)la Canadienne Joannie Rochette, émue, a décroché(VPC) (COD)le bronze en hommage à sa mère décédée dimanche.

■patiner(v. i.) glisser avec des patins. 스케이트를 타다. ■perfection(n. f.) excellence, idéal, absolu. 뛰어남, 완벽한 상태. ■à la perfection=parfaitement. 완벽하게, 완전하게, 더할 나위 없이 훌륭하게. ■제롱디프[en devenant…]은 주절[Kim Yu-na a patiné…]과 동시성을 나타낸다. ■discipline(n. f.) chacune des branches de la connaissance. (운동경기의) 종목. ■décrocher(v. t. et i.) gagner, remporter. 받다, 얻다. ■hommage(n. m.) marque de respect. 존경, 감사. ■전치사구 en hommage à '~의 명예를 기리기 위해.' ■décéder(v. i.) mourir. 사망하다.

겨우 열아홉 살의 나이에도 (불구하고) 김연아는 완벽한 경기를 해냈으며 목요일 밴쿠버에서 한국 선수 최초로 여자 피겨 종목에서 금메달을 수상하면서 동계올림픽의 역사에 남게 되었다. (또한 목요일 밴쿠버에서) 캐나다 선수 조애니 로셰트는 감동스럽게 동메달을 수상했으며 (그녀는) 이 메달을 지난 일요일에 돌아가신 (자신의) 어머니에게 바쳤다.

Depuis le début de la compétition, (S)le Pacific Coliseum de Vancouver (N)n'avait vécu(VPQP) (COD)pareille intensité.

■intensité(n. f.) force, puissance. 강력함, 힘.

Jeudi, (S)l'épreuve-reine du patinage artistique a offert(VPC) (COD)son lot d'émotions (COI)à un public conquis(Ant), (PR)qui a vibré(VPC) au gré du programme de Kim Yu-na et soutenu(VPC) (COD)Joannie Rochette quand (S)elle a commis(VPC) (COD)deux petites erreurs.

■**patinage**(n. m.) action de patiner. 스케이팅. ■**offrir**(v. t. et pron.) donner comme cadeau. 주다, 제공하다. ■**conquis**(a.) séduit, enchanté. 매료된, 유혹된. ■전치사구 **au gré de**. ~따라. ■**soutenir**(v. t. et pron.) encourager. supporter. 지지하다. ■**commettre**(v. t. et pron.) faire, en parlant d'un acte blâmable. (범죄·과실 따위를) 저지르다. ■**erreur**(n. f.) faute, maladresse. 실책.

목요일 피겨 스케이팅의 현 여왕(=세계 챔피언)은 (그녀의 매력에) 사로잡힌 관객들에게 감동의 경기를 펼쳤고 관객들은 김연아의 프로그램 내내 전율했다. 그리고 조애니 로셰트가 두 개의 작은 실수를 범했을 때 관객들은 그녀를 응원했다.

Mais (S)toutes les deux ont eu(VPC) (COD)droit (COI)à une standing-ovation, l'une pour son excellence, l'autre pour son courage.

■동사구 **avoir droit à**. '~받을 만하다.' ■**ovation**(n. f.) honneur rendu à une personne par des acclamations. 갈채, 환호. ■**courage**(n. m.) force de caractère qui fait supporter la souffrance ou braver le danger. 용기. ■[l'une(=Kim Yu-na) a eu droit à une standing-ovation pour son excellence] et [l'autre(=Joannie Rochette) a eu droit à une standing-ovation pour son courage].

두 선수 모두 관객들의 기립 박수를 받았다. 김연아는 뛰어난 경기로, 조애니 로셰트는 그녀가 보여준 용기 때문에.

La star Kim Yu-na(S), championne du monde en titre, a patiné(VPC) telle une ballerine et (VPC)enchaîné (COD)ses difficultés techniques avec une aisance incroyable, à commencer par sa combinaison triple lutz-triple boucle piqué.

■en titre '(지위, 직함)을 가지고 있는.' ■[championne du monde en titre]=[l'épreuve-reine]. ■ballerine(n. f.) danseuse de ballet. 발레리나. ■enchaîner(v. t.) se succéder. 연결하다. ■aisance(n. f.) facilité. ■부사구 avec aisance 수월하게. ■전치사구 à commencer par '~을 위시/비롯하여.'

세계 챔피언 타이틀권자이자 스타인 김연아는 마치 발레리나처럼 스케이팅했으며 트리플 러츠-트리플 토루프 콤비네이션 점프를 시작으로 하여 어려운 기술들을 믿을 수 없을 만큼 쉽게 연이어 성공시켰다.

Sur le Concerto en Fa de Gershwin, (S)elle (N)n'a(Vaux) pas(N) tremblé(VPC) malgré la pression(Ant) (PR)qu'elle(S) portait(VIMF) depuis plusieurs semaines alors qu'elle(S) était(VIMF) (AS)l'ultra favorite et que (S)son pays avait mis(VPQP) (COD)tous ses espoirs en elle.

■favori(a. et n. c.) celui auquel on attribue le plus de chance de gagner une compétition. 우승후보.

가장 유력한 우승 후보이면서 한국 국민 전체의 기대를 받아 왔던 그녀는 몇 주 전부터 (큰) 부담을 받아왔지만 거슈인의 피아노 협주곡 바장조 선율에 전혀 떨지 않았다.

-"Je_(S) me suis sentie_(VPC) _(AS)sereine et très calme pendant tout le programme. Après avoir passé les premiers sauts, _(S)je me suis dit_(VPC) : '_(SI)ça _(VFP)va le_(COD) _(Vinf)faire' mais _(S)je n'ai_(Vaux) vraiment réalisé_(VPC) qu'une fois sur le podium", a expliqué_(VPC) _(S)Kim Yu-na.

■**serein**(a.) exempt de trouble. 차분한. ■**podium**(n. m.) plate-forme sur laquelle montent les vainqueurs d'une épreuve sportive. 시상대. ■**[ça va le faire]** '(일이) 순조롭게 진행될 것이다.'

"프로그램 내내 편안하고 차분했어요. 첫 점프를 성공하고 나서는 혼자 (속으로) 말했어요. '다 잘 될 거야.' 하지만 (금메달 획득을) 실감한 것은 시상식 위에 섰을 때였습니다."(라고) 김연아는 설명했다.

La Sud-Coréenne_(S), véritable star devenue millionnaire, a fondu_(VPC) en larmes sur la glace à l'issue de son programme libre.

■동사구 **fondre en larmes**. '눈물을 쏟다.' ■전치사구 **à l'issue de** qc. '~가 끝난 후에.'

백만장자가 된 진정한 스타인 한국여성(김연아)은 (자신의) 프리 프로그램을 마치고서 빙판 위에서 눈물을 쏟아 냈다.

Invaincue depuis son titre mondial il y a un an, (S)elle a obtenu(VPC) (COD)une note record de 150.06 points pour un total, lui aussi historique, de 228.56 points.

■invaincu(a.) qui n'a jamais été vaincu. 한 번도 패배한 적이 없는. ■강세형인칭대명사 lui는 전치 명사 un total (de 228.56 points)를 강조하고 있다.

일 년 전 세계챔피언이 된 후로 한 번도 타이틀을 빼앗기지 않았던 그녀는 (프리 프로 그램으로) 기록적인 150.06점을 획득하여 총점 228.56점이라는 (두 개의) 역사적인 점수(세계신기록)를 수립했다.

La jeune femme(S) au joli minois (N)n'en(COI) croyait(VIMF) pas(N) (COD)ses yeux et est restée(VPC) (AS)bouche bée à l'annonce des notes(Ant), (PR)que (S)sa plus grande rivale a entendues(VPC) alors qu'elle(S) s'échauffait(VIMF) sur la glace.

■minois(n. m.) visage gracieux de jeune fille. (어린이·젊은 여자의) 발랄한 얼굴. ■동사구 ne pas en croire ses yeux (너무나 놀라워) 눈을 의심할 지경이다. ■bouche bée : la bouche ouverte d'étonnement. (감탄·놀라움으로) 멀거니 입을 벌리고. ■여성 단수 명사 note를 수식하는 record는 형태가 변화하지 않는 형용사.

아름다운 얼굴의 젊은 그녀(김연아)는 (자신의) 점수가 발표되자 (너무 놀라서) 눈을 의심하며 입을 다물지 못했다. (같은 시간) 빙판 위에서 준비 운동 중이던 (그녀의) 가장 강력한 라이벌(아사다 마오)도 (김연아의) 점수를 듣게 되었다.

(S)La Japonaise Mao Asada, championne du monde 2008, est passée(VPC) juste après. Le défi(S) était(VIMF) désormais (AS)impossible à relever(Vinf).

■**relever le défi** 결투에 응하다(=relever le gant 도전에 응하다). lancer un défi. 도전하다.

2008년 세계 챔피언인 일본의 아사다 마오 선수는 (김연아의) 바로 다음 차례였다. 이제 더 이상 (김연아 선수의 세계 신기록을 뛰어 넘는) 도전은 불가능했다.

(S)<u>Asada</u> <u>a obtenu</u>(VPC) 131.72 pour un total de 205.50 et <u>son visage</u>(S) <u>s'est figé</u>(VPC) à l'annonce de ses notes.

■**se figer**(v. pron.) se solidifier, s'immobiliser. (표정·자세 따위가) 굳어지다, 뻣뻣해지다.

아사다는 (프리 프로그램으로) 131.72점을 받아서 총점 205.50을 기록했고, 자신의 점수를 본 그녀의 얼굴은 굳어졌다.

(S)<u>Les deux jeunes femmes</u> <u>se sont retrouvées</u>(VPC) côte-à-côte sur le podium, <u>une habitude</u>(Ant) (PR)<u>qu'elles</u>(S) <u>entretiennent</u>(V) depuis leurs années junior.

■**junior**(a. invar. et n. c.) dans certains sports, tranche d'âge comprise entre les cadets et les seniors (여성불변 형용사). [운동]주니어급의.

김연아와 아사다 마오는, 주니어 시기부터 늘 그래왔듯이, 시상대 위에 나란히 서게 되었다.

Pour la première fois aux J.O., <u>deux Asiatiques</u>(S) (VPC)<u>ont été médaillés</u>(Vpas) sur une épreuve individuelle de patinage artistique.

■**Jeux olympiques** : rencontres sportives internationales ayant lieu tous les quatre ans. 올림픽경기.

(동계)올림픽 사상 처음으로 두 명의 아시아 선수가 피겨 스케이팅 개인 종목에서 (동시에) 메달을 받게 된 것이다.

Sur la troisième marche, (S)Joannie Rochette(Ant), (PR)qui avait retenu(VPQP) (COD)ses larmes jusque-là, s'est mise(VPC) à pleurer(Vinf).

■**retenir**(v. t. et pron.) ne pas laisser aller. 억제하다. ■**[se mettre à** 동사원형]. ~기 시작하다.

세 번째 자리에 오른 조애니 로셰트는 지금까지 참아 왔던 눈물을 흘리기 시작했다.

Quatre jours auparavant, (S)elle avait perdu(VPQP) (COD)sa maman, Thérèse, victime d'une crise cardiaque à son arrivée à Vancouver.

■**auparavant**(ad.) ~전에. un mois auparavant 한 달 전에. ■**cardiaque**(a.) relatif au coeur. 심장의.

조애니 로셰트는 사흘 전에 어머니를 여의었다. (그녀의 어머니) 테레즈는 사흘 전에 밴쿠버에 도착한 뒤 심장 마비 때문에 (갑자기) 세상을 떠났다.

Malgré tout, (S)la star nationale, vice-championne du monde 2009, (N)n'a(Vaux) pas(N) renoncé(VPC) (COI)aux Jeux et a épaté(VPC) par son courage.

■**renoncer**(v. t. et i.) abandonner le désir de quelque chose. 그만두다. ■**épater**(v. t.) éblouir, émerveiller. (크게) 감동시키다.

그럼에도 불구하고 2009년 준 챔피언이자 캐나다의 스타인 조애니 로셰트는 올림픽 경기를 포기하지 않았고 그녀의 용기는 (경기 관람 관객과 시청자들을 포함한 모두를) 감동시켰다.

A l'issue du <u>programme libre</u>(Ant), (PR)<u>qui</u> (COI)<u>lui a valu</u>(VPC) (COD)<u>131.28 point</u>s pour un total de 202.64, (S)<u>elle a envoyé</u>(VPC) (COD)<u>un baise</u>r vers le ciel.

■**valoir**(v. i. t et impers.) avoir un certain mérite, mériter. 가져오다, 가져다주다.

프리 프로그램을 마치면서 조애니 로셰트는 131.28점을 획득하여 총점 202.64점을 획득했다. 그리고 그녀는 (경기를 마치고) 하늘로 키스를 보냈다.

-"<u>Je</u>(S) (VIMF)<u>devais</u> (Vinf)<u>être</u> (AS)<u>fort</u>e pour ma mère.

"전 어머니를 위해서 강해져야 했어요."

Quand (S)<u>j'ai appris</u>(VPC) (COD)<u>son décè</u>s, (S)<u>j'étais</u>(VIMF) (AS)<u>vidée</u>, sans jambes mais (SI)<u>il fallait</u>(VIMF) que (S)<u>je retourne</u>(Vsubj) sur la glace tout de suite pour <u>me sentir</u>(Vinf) en vie.

■동사구 **se sentir en vie** '살아있다고 느끼다.' (참고) être en vie '살아있다.'

> "어머니의 사망 소식을 들었을 때 전 텅 빈 듯했고 서 있을 수도 없었어요. 하지만 전 바로 빙판 위로 돌아와야만 했어요. 여기에서만 제가 살아 있다고 느낄 수 있었습니다."

> $_{(SI)}$C'est$_{(V)}$ ce$_{(Ant)}$ que$_{(PR)}$ $_{(S)}$ma mère $_{(Vcond)}$aurait voulu…",
> $_{(Vaux)}$a-t-elle$_{(S)}$ dit$_{(VPC)}$ avant de craquer$_{(Vinf)}$.

■조건법과거 시제[aurait voulu] 과거의 실현성이 없는 조건의 결과. ■craquer(v. i.) s'effondrer. 갑자기 무너지다.

> "어머니도 이것을 바라셨을 테니까요." 울음을 터트리기 전에 그녀(조애니 로셰트)는 말했다.

나. 작문 연습 및 심화 학습

1. 자신에 대해 긍정적으로 느끼기 위해서는 가장 먼저 열등감을 버려야 한다.
   ■se sentir (dans sa peau)
2. 마이클 잭슨의 추모 공연에서 어셔는 노래를 부르다가 눈물을 터트렸다.
   ■fondre en larmes (Michael Jackson, Usher)
3. 산드라 블록은 오스카상을 받게 해준 역할을 거절할 뻔했었다.
   ■valloir (l'Oscar, Sandra Bullock)
4. 정부는 탄소세를 포기하지 말아야 한다.
   ■renoncer (taxe carbone)
5. 계약직 종사자들도 보너스를 받을 권리가 있다.
   ■avoir droit
6. 나는 산책길을 따라 사진을 찍었다.
   ■au gré de (promenade)
7. 올해 초부터 휘발유 가격을 시작으로 하여 많은 제품의 가격이 상승했다.

■à commencer par (gasoil)

8. 그는 이번 시즌 끝에 은퇴할 것이라고 알렸다.
　　■à l'issue de (saison)

9. 많은 외교관들은 영어와 프랑스어만 사용한다.
　　■ne que

10. 운동을 하기 전에는 어떻게 먹어야 할까?
　　■avant de

작문연습 및 심화 학습 답안

01. Sarkozy vaudou

1. <u>La libertéd'expression</u> sur Internet est-elle menacée en Chine ?
2. Le nouveau livre de P. Coelho <Véronika <u>décide de</u> mourir> sera en vente àpartir du 26 mars.
3. Le mode d'emploi de l'iPad <u>est joint en annexe</u>.
4. La mondialisation <u>causerait davantage de dommages</u> que de bienfaits.
5. Pour passer des vacances en Europe on <u>a à</u> économiser pendant toute l'année.
6. Ce «pacte mondial pour l'emploi»<u>vise à</u> créer des emplois et àstimuler la reprise économique.
7. Elle <u>n'a pas ménagésa peine</u> pour nous venir en aide.
8. Le jugement du tribunal de Paris a déboutéNicholas Sarkozy dans l'affaire des poupées vaudous. Les magistrats estiment que ces figurines ne dépassent pas les bornes de la libertéd'expression. Elles restent donc en vente, même si Nicholas Sarkozy a décidéde faire appel. "Cette représentation non autorisée de l'image de Monsieur Sarkozy ne constitue ni une atteinte àla dignitéhumaine, ni une attaque personnelle, et s'inscrit donc dans les limites autorisées de la libertéd'expression et du droit àl'"humour". dit le jugement. L'avocat de Nicholas Sarkozy, Maître Thierry Herzog, a interjetéappel. Selon lui, la décision du tribunal n'est pas "conforme àla jurisprudence".

02. Un défi hors du commun

1. Un Belge <u>relève un défi</u> fou: cuire des frites pendant 83 heures.
2. Bruxelles annonce de <u>meilleures prévisions</u> de croissance pour l'année prochaine.
3. Une femme sur dix <u>est victime d'</u>un conjoint violent.

4. Mickey <u>a fait fabriquer</u> un macaron àson effigie!

5. Il est entendu àpropos de l'origine de l'argent qui <u>lui a servi à</u> payer son avocat.

6. Cette ville ne dispose pas encore d'<u>un Musée digne de son nom et de sa taille</u>.

7. Et on commence ce journal avec des images de soleil et de plage. C'est bien dommage, mais les vacances se terminent. Naturellement beaucoup d'entre vous ont voulu profiter jusqu'àla dernière minute de ces moments de farniente ! "(Ben) C'est vrai qu'on n'a pas envie de reprendre. On a envie de rester en vacances et on essaie de profiter du dernier soleil. Avant de rattaquer (un) une année sans prendre de vacances." Dans quelques jours, les après-midi passés àlézarder au soleil, les châteaux de sable et les baignades ne seront plus que de lointains souvenirs ! "C'est quand la rentrée pour vous? "Lundi, lundi matin. Le travail reprend. Et puis j'espère qu'il n'y aura pas trop de grisaille. Et puis surtout (On pensera beaucoup àtoi lundi) qu'il ne fera pas froid. Ouis, tu m'étonnes!" "On pensera beaucoup àelle lundi (beaucoup, beaucoup)!" Inutile de vouloir prendre le large. La rentrée, vous ne pourrez pas y échapper!

03. Paris-plages

1. <u>Il n'est pas question de</u> privatiser La Poste.

2. La vie est trop chère, comment peut-on <u>s'en sortir</u>?

3. Les femmes sont plus <u>frileuses</u> que les hommes.

4. Le Biathlon prend <u>ses quartiers d'hiver</u> en Savoie.

5. Les sans-papiers <u>font la queue</u> devant la préfecture de Bobigny dès 01h du matin!

6. Les organisateurs n'ont pas encore communiqué<u>les chiffres officiels de fréquentation</u> pour cette édition 2010.

7. <u>Pour les plus pauvres</u>, les prix de fournisseurs d'eau privés sont prohibitifs.

8. <u>Il aura suffi de</u> presque rien <u>pour</u> aboutir àune tentative d'assassinat.

9. Mon niveau de français <u>est-il suffisant pour</u> réussir àl'examen DELF ?

10. Comment <u>ne pas perdre une miette</u> du Mondial et de respecter le rituel des cinq prières quotidiennes: des "mosquées itinérantes" spéciales Mondial en Arabie Saoudite.

11. (전미래) Vous aurez oubliéde fermer la porte !

12. Son humeur reste maussade!

13. confrontant, interrogeant, fouillant, lisant, jouant, s'exusant, n'excluant pas, pleurant, attendant, ne lui disant pas, enlevant, lisant, regardant, répondant, rencontrant, ignorant.

04. Le tramway en marche àParis

1. Polémique autour d'une peinture mettant en scène la mort de Mandela.
2. C'est avec une grande tristesse que je vous fais part du décès de Mme Dubois.
3. Malgréquelques améliorations, de nombreux progrès restent àfaire.
4. Les syndicats de la SNCF déposent un préavis de grève.
5. Deux femmes sont àl'initiative de cette aventure humaine et créative.
6. Le manque de moyens et d'effectifs des services de sécuritéreste une aubaine pour les malfaiteurs trans-frontaliers.
7. Le développement de l'économie est notre priorité.
8. Ce billet donne l'occasion d'assister àl'inauguration du palais de Cristal de Montréal.
9. Non pas reconstruire mais plutôt 'créer un Haïti nouveau'.
10. Elle a dormi tout le long de son voyage en train.
11. 1.3.7.9.4.6.5.2.8
12. 2.7.5.3.8.4.9.6.1

05. L'homme du jour

1. Avec quel sportif aimeriez-vous passer une journée ?
2. Tout le monde connaît les gestes qui sauvent la vie et la Planète.
3. «On l'a pris au mot »Nicolas Sarkozy a entendu les revendications de la chambre d'agriculture réunionnaise.
4. J'ai l'impression que cet hôpital s'arme de qualité.
5. Pour Noël la police nous ouvre les portes d'un magasin de jouets !
6. Si tu apprécies vriament son cadeau d'anniversaire, envoie-lui un petit mot de remerciement.
7. Il s'est évanoui, parce qu'il est complètement épuiséphysiquement et mentalement.
8. Chaque élément du décor de bureau permet de faciliter àla fois concentration

et écoute.

9. <u>A aucun moment je n'ai</u> regrettémon choix de m'installer aux Etats-Unis.

10. 2.2.2.3.4.2.3.4.2.2.2.1.1.2.1.2.1.2.3.1

06. Dico, quoi de neuf ?

1. Mon bon ami Paul, <u>installéde longue date</u> àParis, a un accident de voiture.

2. Malia et Sasha Obama <u>ont eu la surprise de</u> rencontrer les Jonas Brothers àleur arrivée àla Maison Blanche.

3. La particularitédu magasin se trouve <u>au rayon</u> cadeaux et produits régionaux.

4. La baisse de la mortalitédue au sida <u>reflètent</u> les premiers succès appréciables des efforts de prévention du sida.

5. Un petit verre <u>pour la route</u> ?

6. Pas, sans, 2008, la surprise, Tour d'horizon, àla mode, anglicismes, vieillots, Belgique, consécration, carabistouilles, balivernes, fariboles, petits mensonges, grand-chose, intellectuel, entrée, trop tôt, signification, truc, En tout, cette année, 69, échapper, québécoise, calque, romantisme

07. Le concours "Francomot"

1. La bouteille de bière <u>fait place à</u> la canette.

2. Le régime Français <u>fait de la résistance à</u> une mode vestimentaire Afghane, la dite: "burqa".

3. <u>Le jury est composéde</u> blogueurs, de journalistes, de spécialistes du financement.

4. Il faut participer au concours mensuel de recettes pour <u>gagner des stages</u> de cuisine avec un grand chef.

5. L'utilitédes vitamines ne semble pas <u>faire l'unanimité</u>.

6. <u>Il vous reste encore du</u> temps pour vous décider.

7. L'Eglise <u>nous invite à</u> faire du Carême.

8. Ce film a <u>fait buzz.</u>

9. scolaires, ministre de l'Education, réduire, établissant, transmises, utilisée, sera, coûtant, engagement, engagement, prolongées

08. Superbus

1. Je n'<u>ai rien àvoir avec</u> cette affaire.
2. Lindsay Lohan <u>use et abuse</u> de sa célébritépour entrer dans les soirées dépravées.
3. Le poker en ligne peut <u>rendre accro</u>.
4. <u>De</u> quoi <u>êtes</u>-vous <u>fier</u> ?
5. J'ai <u>étébiberonnéau</u> son des années quatre-vingt-dix.
6. Au cours de la maladie, d'autres affections peuvent <u>venir se greffer</u>.
7. Leur deuxième album <u>frôle</u> une fois encore les deux millions de copies.
8. des, des, des, la, me, les, les, te, des, de l', 무관사, 무관사, la
9. un, des, une, du, un, une, le, le, le, l', des, des, des, des, des, des, les, des, une, l', des, les, les, un

09. Les débuts américains de Carla Sarkozy

1. La première dame de France affirme son engagement dans <u>la lutte contre</u> le cancer de la femme.
2. Dans une Europe en crise, la Pologne <u>fait figure d'exception</u>.
3. "Je suis morte de trouille àl'idée de <u>monter sur scène</u>."
4. Bon Jovi <u>fait vibrer</u> le public parisien àBercy. Le 19 juin 2010 se tenait àParis l'unique concert français du groupe de rock américain Bon Jovi.
5. Haïti : la <u>récolte de fonds</u> décolle après l'appel de l'ONU.
6. Comme chaque année, était organisée samedi la parade (Trooping the Colour) <u>en l'honneur de</u> la reine Elizabeth II.
7. la, une, la, un, la, un, l'(오타 : assasin → assassin), les, une
8. accorder, vous, sortie, débordée, adolescente, parle, au monde, chez elle, remise en question, s'agit, incarnez

10. "Bienvenue chez les Ch'tis"

1. Des sans-papiers se mutilent pour <u>échapper au risque</u> d'expulsion.
2. Le trio-Kristen Stewart, Taylor Lautner et Robert Pattinson-de la saga Twilight ont <u>touchéle jackpot</u>.
3. Au dernier moment, le pilote <u>s'est ravisé</u> et a essayéde redécoller.

4. La publicitéde Citroën "Faites comme Mme Bruni. Prenez un petit Français" <u>fait référence à</u> la petite taille du président français.

5. Un timbre <u>àl'effigie de</u> Sarkozy en Israël !

6. La FIFA a <u>trouvéle bon filon</u>. Le Mondial Sud-Africain est une affaire en or pour la FIFA!

7. Il <u>est féru de</u>s nouvelles de Maupassant.

8. JCDecaux perçoive dorénavant <u>35% des recettes</u> du Velib' de la Ville de Paris.

9. Trouver la fève porte (toujours) bonheur!

10. 2,1,3,3,3,2,2,1,2,2,2,1,2,1,1,2,1,3,1,1

11. . La tendance Sushi

1. <u>Plus d</u>'un millier de morts et de très nombreux disparus.

2. Le marchéde la cosmétique bio <u>est en plein boom</u> !

3. Mes parents <u>se font des soucis</u> pour mon avenir.

4. Les fonctionnaires <u>se mettent en grève</u> àpartir de demain.

5. "Avatar" peut-il <u>détrôner</u> "Titanic" en battant le record de box-office ?

6. Les taxis marseillais <u>prennent l'accent anglais</u>: les chauffeurs de taxis ont pris leur premier cours de langue.

7. La télé<u>débarque sur</u> l'iPhone. Orange et SFR proposent àleurs abonnés de recevoir plusieurs dizaines de chaînes sur leur iPhone.

8. Beaucoup de bruit pour <u>pas grand-chose</u>.

9. vienne, ait, soit, restiez, parte, sorte, tienne, soyez, sortiez, soyons, ait, sache, prenne, connaisse, ait, sache, fasse, sachiez

10. les, des, les, fassent, les, les, le, le, le, le, la, dise, le, le, l', le, la, les, des, le, de, des, la, quelque, cette, 무관사, le, un, le, la, le, le, la

12. Météo

1. Les températures <u>seront en</u> légère h<u>ausse</u> demain matin.

2. Les orages devraient commencer à<u>se former</u> dès la fin d'après-midi du côtédes Pyrénées.

3. Dans l'après-midi quelques <u>averses</u> sont possibles sur la Normandie ainsi que sur la Bretagne.

4. Peut-on _remplacer_ du beurre _par_ de l'huile ?

5. La mémoire me revient _par bribes_.

6. Les espoirs de paix semblent _s'estomper_ au fur et àmesure.

7. _La pluie va tomber_ dans la nuit prochaine dans la région du Centre.

8. calme, s'annoncent, va, arriver, a étélancée, 32, au total, dans un premier temps, chronologie, descendant, devrait, verglaçantes, circulation, tenir, 2, 5, perturbation, neigeux, tenir, faire, froid, Résultat, couche, 3, 8 , soutenues, en abondance, possibles, ainsi que, préservé, précipitations, moitié, 5, 8, se radoucir, remplace, 0, 14, se décaler, froides, d'infos, rendez-vous, A toute àl'heure.

13. La Coupe du monde

1. Privés de Mondial d'une main de Thierry Henry, les Irlandais ont étéles premiers àse réjouir de l'élimination sans appel de _l'équipe de France_ du Mondial sud-africain.

2. Sephora _poursuit son expansion_ et ses ouvertures de magasins en Espagne.

3. La radio RMC a _atteint un nouveau record d'audience_ sur la période janvier-mars.

4. Le surendettement _atteint des sommets_ avec la crise.

5. L'investissement _est largement rentabilisé_ au bout de 6 mois.

6. Le ramadan _pèse sur_ la santé.

7. Facebook(le site de socialisation sur internet) menace de nouveau la _confidentialité_ des donnés.

8. Guillaume Bernier _tutoie les cieux_. Il obtient deux titres de champion du monde.

9. aura duré, ce que, déclenchant, 2006, s'est confessé, lève le voile, te le, préfère, suite, 109, appartient, révelé, assure, une surprise, devinait, d'invectives, vingt, le course du championnat, arbitrage, favorable, a commencé, personalitépréferée

14. La libération des otages

1. _La fin du monde_ actuel serait prévue pour le 21 décembre 2012.

2. Israël envisagerait de libérer des Palestiniens _en échange du_ soldat israélien Shalit.

3. Obama a <u>promis de</u> retirer les soldats américains d'Irak.

4. Lors du podium final sur les Champs Elysées, Alberto Contador a vu hisser le drapeau espagnol <u>sur fond d'hymne national</u>... danois !

5. Valushka court <u>sous un ciel de plomb</u>.

6. Le chef du gouvernement italien Silvio Berlusconi compte gouverner <u>jusqu'au terme de</u> la législature en 2013.

7. La fin du calvaire en Afghanistan, pour douze otages sud-coréens. Ils ont étélibérés par les Talibans, qui les retenaient prisonniers depuis plus d'un mois. En échange, la Corée du Sud a promis de retirer son contingent de soldats engagés en Afghanistan. Deux autres femmes avaient déjàétérelâchées mi-août. Deux hommes ont ététués par leurs ravisseurs.

15. Plage en Chine

1. Tout salarié<u>a droit à</u> des congés payés.

2. Le Japon <u>est attaché</u>à sa relation aux Etats-Unis.

3. Elles ont <u>fait fortune</u> avec leur blog !

4. La publicité, <u>c'est une affaire de</u> chiffres!

5. Les Chiliens <u>se ruent sur</u> Twitter et Facebook après le séisme.

6. Noël Mamère va <u>se consacrer à</u> l'action en faveur du mariage gay.

7. Je mange bio, je <u>fais attention à</u> l'environnement.

8. Un sourire <u>ne coûte rien</u> et produit beaucoup.

9. Jeu de Pâques : un lapin doit <u>ramasser un maximum</u> d'oeufs.

10. Je suit un cours de chinois le same야.

11. 8.6.9.7.5.2.4.1.3

12. 6.3.4.5.1.7.2.10.13.8.11.9.12

13. 6.3.1.10.9.8.1.4.5.7.12.15.13.14.17.18.11.19.16

16. Régime original

1. Cette publicité<u>vise à</u><u>inciter</u> les fumeurs à<u></u>arrêter de fumer.

2. Le sport quotidien nous aide à<u></u>mieux <u>résister au</u> stress.

3. Connaissez-vous un régime efficace et rapide <u>pour perdre 5 kilos</u>?

4. Depuis 2 ans, elle est <u>devenue une grande adpete</u> des séries télévisées

américaines.

5. <u>La prime</u> de Noël pour les mères célibataires.

6. L'Éducation nationale a <u>mis en place</u> un plan antigrippe A (H1N1).

7. Des bonnes soupes qui <u>tiennent chaud</u>.

8. Notre télévision <u>est sous le contrôle des</u> pouvoirs politiques.

9. Mon père <u>m'a initié à</u> la musique.

10. Le maire italien veut aussi <u>promouvoir la gymnastique collective.</u>

11. 2.2.1.1.2.1.3.3.2.2

17. Anorexie-pub choc

1. <u>Jusqu'où peut-on aller</u> le contrôle d'internet en Chine?

2. Un kimono ultra-court <u>fait scandale</u> au Japon.

3. Le film de Yann Bertrand, <Home> contribuera-t-il <u>à la prise de conscience</u> écologique ?

4. On ne <u>se rend compte de </u>la valeur des choses que lorsqu'on les perd.

5. Microsoft <u>dénonce la dérive</u> monopolistique de Google.

6. <u>Le cri d'alarme</u> des organisations de défense des animaux.

7. Il <u>n'en est pas à</u>sa première <u>tentative</u> de suicide!

8. 3.3.3.2.2.3.1.3.3.2.1.1.1.3.3.2.2.2.3.3

18. Drôles d'idées de Ryanair

1. Ryanair <u>avait lancé, puis abandonné,</u> l'idée de faire payer davantage les passagers les plus lourds.

2. Toutes les avions doivent <u>recevoir l'aval</u> du laboratoire de contrôle.

3. Joseph Stiglitz. C'est, <u>à en croire</u> Newsweek, l'économiste le plus cité <u>au monde</u>.

4. L'Iran <u>est/serait en mesure</u> de fabriquer une bombe atomique.

5. Quescom promet de faire bénéficier les entreprises d'économies <u>allant jusqu'à</u> 90% sur leur facture téléphonique.

6. Le yaourt <u>à bas prix</u> de Danone fait un bide.

7. Chrysler dément <u>être en discussion avec</u> Fiat sur une éventuelle alliance.

8. (관계대명사) 3.2.4.3.2.1.2.4.3.1.2.4.1.2.4.3.2.2.4.2

19. Le Net nous rend idiot?

1. <u>Plus</u> vous cliquez sur des liens, <u>plus</u> les compagnies ont d'occasions de vous nourrir avec de la publicité.

2. Le développement durable nécessite de nouvelles perceptions <u>de la manière dont</u> nous produisons et consommons et <u>de la façon dont</u> nous vivons.

3. Google se lance dans les boissons <u>qui rendent intelligent</u> !

4. La plupart des Africains <u>n'ont toujours pas accès à</u> de l'eau propre et potable.

5. Le président Obama <u>a promis de</u> continuer àse battre pour faire adopter une réforme de l'assurance maladie.

6. <u>Dans le cadre de</u> la formation continue, tous les adultes peuvent alterner des périodes de formation et d'activité.

7. Il n'a pas réussi àcet examen, <u>non pas</u> parce qu'il était malade, <u>mais (plutôt)</u> parce qu'il n'a pas travailléassez.

20. Kim Yu-na et Joannie Rochette

1. Pour <u>se sentir bien dans sa peau,</u> il faut tout d'abord oublier ses complexes.

2. Lors de la cérémonie hommage àMichael Jackson, Usher a <u>fondu en larmes</u> en chantant.

3. Sandra Bullock a failli refuser le rôle qui <u>lui a valu</u> l'Oscar.

4. Le gouvernement ne doit pas <u>renoncer à</u> la taxe carbone.

5. Les intérimaires peuvent aussi <u>avoir droit à</u> un 13ème mois.

6. J'ai pris des photos <u>au gréde</u> mes promenades.

7. Le prix de nombreux produits, <u>àcommencer par</u> le gasoil, a fortement augmentédepuis le début de cette année.

8. Il a annoncéqu'il mettrait un terme àsa carrière <u>àl'issue de</u> la saison.

9. Beaucoup de diplomates <u>ne</u> parlent <u>que</u> l'anglais et le français.

10 . Comment doit-on manger <u>avant de</u> faire du sport?

이희영

동덕여자대학교 교양교직학부 전임교수
파리Ⅳ-소르본 대학 문학박사
(일반언어학 전공)
calimero@dongduk.ac.kr

중급 프랑스어
독해 청취 작문 연습

초판인쇄   2011년 3월 7일
초판발행   2011년 3월 7일

지 은 이   이희영
펴 낸 이   채종준
펴 낸 곳   한국학술정보(주)
주   소   경기도 파주시 교하읍 문발리 파주출판문화정보산업단지 513-5
전   화   031) 908-3181(대표)
팩   스   031) 908-3189
홈페이지   http://ebook.kstudy.com
E-mail   출판사업부 publish@kstudy.com
등   록   제일산-115호(2000.6.19)

ISBN   978-89-268-2014-8 13760 (Paper Book)
           978-89-268-2015-5 18760 (e-Book)